TRANZLATY

El idioma es para todos

言語はすべての人のためのもの

El Manifiesto Comunista

共産党宣言

Karl Marx
&
Friedrich Engels

Español / 日本語

Introducción
紹介

Un fantasma acecha a Europa: el fantasma del comunismo
ヨーロッパには共産主義の亡霊が取り憑いている
Todas las potencias de la vieja Europa han entrado en una
santa alianza para exorcizar este fantasma
古いヨーロッパのすべての列強は、この亡霊を祓うため
に神聖な同盟を結びました
El Papa y el Zar, Metternich y Guizot, los radicales franceses
y los espías de la policía alemana
教皇と皇帝、メッテルニヒとギゾー、フランスの急進派
とドイツの警察スパイ
¿Dónde está el partido en la oposición que no ha sido
tachado de comunista por sus adversarios en el poder?
野党の政党で、権力の座にある敵対者から共産主義的だ
と非難されていない政党がどこにあるのか。
¿Dónde está la Oposición que no haya devuelto el reproche
de marca al comunismo contra los partidos de oposición más
avanzados?
共産主義の烙印を押された非難を、より進歩した野党に
対して投げ返さなかった野党はどこにいるのか。
¿Y dónde está el partido que no ha hecho la acusación contra
sus adversarios reaccionarios?
そして、反動的な敵対者を非難しない党はどこにいるの
か。
Dos cosas resultan de este hecho
この事実から2つのことが起こります
I. El comunismo es ya reconocido por todas las potencias
europeas como una potencia en sí misma
I．共産主義は、すでにすべてのヨーロッパ列強によっ
て、それ自体が大国であると認められている
II. Ya es hora de que los comunistas publiquen
abiertamente, a la vista de todo el mundo, sus puntos de
vista, sus objetivos y sus tendencias

II. 共産主義者は、全世界を前にして、自らの見解、目的、傾向を公然と公表すべき時である

deben hacer frente a este cuento infantil del Espectro del Comunismo con un Manifiesto del propio partido

彼らは、共産主義の亡霊というこの童話に、党そのもののマニフェストで立ち向かわなければならない

Con este fin, comunistas de diversas nacionalidades se han reunido en Londres y han esbozado el siguiente Manifiesto

この目的のために、さまざまな国籍の共産主義者がロンドンに集まり、次の宣言をスケッチしました

El presente manifiesto se publicará en inglés, francés, alemán, italiano, flamenco y danés

このマニフェストは、英語、フランス語、ドイツ語、イタリア語、フラマン語、デンマーク語で発行されます

Y ahora se publicará en todos los idiomas que ofrece Tranzlaty

そして今、それはTranzlatyが提供するすべての言語で出版される予定です

La burguesía y los proletarios
ブルジョアとプロレタリア

La historia de todas las sociedades existentes hasta ahora es la historia de las luchas de clases

これまで存在したすべての社会の歴史は、階級闘争の歴史である

Hombre libre y esclavo, patricio y plebeyo, señor y siervo, maestro de gremio y oficial

自由人と奴隷、貴族と平民、領主と農奴、ギルドマスターとジャーニーマン

en una palabra, opresor y oprimido

一言で言えば、抑圧者と被抑圧者です

Estas clases sociales estaban en constante oposición entre sí

これらの社会階級は、互いに絶えず対立していた

Llevaron a cabo una lucha ininterrumpida. Ahora oculto, ahora abierto

彼らは途切れることなく戦い続けた。非表示になり、開くようになりました

una lucha que terminó en una reconstitución revolucionaria de la sociedad en general

この戦いは、社会全体の革命的な再構成に終わった

o una lucha que terminó en la ruina común de las clases contendientes

あるいは、対立する階級の共通の破滅に終わった戦い

Echemos la vista atrás a las épocas anteriores de la historia

歴史の初期の時代を振り返ってみましょう

Encontramos casi en todas partes una complicada organización de la sociedad en varios órdenes

私たちは、ほとんど至る所で、社会が様々な秩序に複雑に配列されているのを見出す

Siempre ha habido una múltiple gradación de rango social

社会的地位には、常に多様なグラデーションがあった

En la antigua Roma tenemos patricios, caballeros, plebeyos, esclavos

古代ローマには、貴族、騎士、プレブス、奴隷がいます

en la Edad Media: señores feudales, vasallos, maestros de gremios, oficiales, aprendices, siervos

中世：封建領主、家臣、ギルドマスター、職人、見習い、農奴

En casi todas estas clases, de nuevo, las gradaciones subordinadas

これらのクラスのほとんどすべてで、繰り返しになりますが、従属的なグラデーションです

La sociedad burguesa moderna ha brotado de las ruinas de la sociedad feudal

近代ブルジョアジー社会は、封建社会の廃墟から芽生えた

Pero este nuevo orden social no ha eliminado los antagonismos de clase

しかし、この新しい社会秩序は、階級対立をなくしたわけではない

No ha hecho más que establecer nuevas clases y nuevas condiciones de opresión

それは、新しい階級と新しい抑圧条件を打ち立てたにすぎない

Ha establecido nuevas formas de lucha en lugar de las antiguas

それは、古い闘争に代えて、新しい闘争形態を確立した

Sin embargo, la época en la que nos encontramos posee un rasgo distintivo

しかし、私たちが置かれている時代には、一つの特徴があります

la época de la burguesía ha simplificado los antagonismos de clase

ブルジョアジーの時代は、階級対立を単純化した

La sociedad en su conjunto se divide cada vez más en dos grandes campos hostiles

社会全体は、ますます2つの大きな敵対陣営に分裂しています

dos grandes clases sociales enfrentadas directamente: la burguesía y el proletariado

ブルジョアジーとプロレタリアートという2つの大きな
社会階級が直接対峙している

De los siervos de la Edad Media surgieron los burgueses de
las primeras ciudades

中世の農奴から、最古の町の勅許された盗賊が生まれた

A partir de estos burgueses se desarrollaron los primeros
elementos de la burguesía

これらのバージェスから、ブルジョアジーの最初の要素
が発展しました

El descubrimiento de América y el doblamiento del Cabo

アメリカの発見とケープの丸みを帯びた

estos acontecimientos abrieron un nuevo terreno para la
burguesía en ascenso

これらの出来事は、台頭するブルジョアジーに新たな地
平を切り開いた

Los mercados de las Indias Orientales y China, la
colonización de América, el comercio con las colonias

東インドと中国の市場、アメリカの植民地化、植民地と
の貿易

el aumento de los medios de cambio y de las mercancías en
general

交換手段と商品一般の増加

Estos acontecimientos dieron al comercio, a la navegación y a
la industria un impulso nunca antes conocido

これらの出来事は、商業、航海、および産業に、これま
で知られていなかった衝動を与えました

Dio un rápido desarrollo al elemento revolucionario en la
tambaleante sociedad feudal

それは、よろめく封建社会の革命的要素に急速な発展を
与えた

Los gremios cerrados habían monopolizado el sistema
feudal de producción industrial

閉鎖的なギルドは、封建的な工業生産システムを独占し
ていた

Pero esto ya no bastaba para satisfacer las crecientes
necesidades de los nuevos mercados

しかし、これはもはや新しい市場の増大する欲求には十分ではありませんでした

El sistema manufacturero sustituyó al sistema feudal de la industria

生産システムは、封建的な産業システムに取って代わりました

Los maestros de gremio fueron empujados a un lado por la clase media manufacturera

ギルドマスターは製造業の中産階級によって一方の側で押された

La división del trabajo entre los diferentes gremios corporativos desapareció

異なる企業ギルド間の分業は消滅した

La división del trabajo penetraba en cada uno de los talleres

分業は各作業場に浸透していた

Mientras tanto, los mercados seguían creciendo y la demanda seguía aumentando

その間、市場は成長を続け、需要は高まり続けました

Ni siquiera las fábricas bastaban para satisfacer las demandas

工場でさえ、もはや需要を満たすのに十分ではありませんでした

A partir de entonces, el vapor y la maquinaria revolucionaron la producción industrial

そこで、蒸気と機械が工業生産に革命をもたらしました

El lugar de la manufactura fue ocupado por el gigante, la Industria Moderna

製造の場は、巨大なモダン・インダストリーに奪われました

El lugar de la clase media industrial fue ocupado por millonarios industriales

産業中産階級の地位は産業の億万長者によって奪われた

el lugar de los jefes de ejércitos industriales enteros fue ocupado por la burguesía moderna

全産業軍隊の指導者の地位は、近代ブルジョアジーによって奪われた

el descubrimiento de América allanó el camino para que la industria moderna estableciera el mercado mundial

アメリカの発見は、近代産業が世界市場を確立するための道を開きました

Este mercado dio un inmenso desarrollo al comercio, la navegación y la comunicación por tierra

この市場は、商業、航海、および陸路による通信に大きな発展をもたらしました

Este desarrollo ha repercutido, en su momento, en la extensión de la industria

この発展は、その時代に、産業の拡張に反応しました

Reaccionó en proporción a cómo se extendía la industria, y cómo se extendían el comercio, la navegación y los ferrocarriles

それは、産業がどのように拡大し、商業、航海、鉄道がどのように拡大したかに比例して反応した

en la misma proporción en que la burguesía se desarrolló, aumentó su capital

ブルジョアジーが発展したのと同じ割合で、彼らは資本を増やした

y la burguesía relegó a un segundo plano a todas las clases heredadas de la Edad Media

そしてブルジョアジーは、中世から受け継がれてきたあらゆる階級を背景に押しやった

por lo tanto, la burguesía moderna es en sí misma el producto de un largo curso de desarrollo

それゆえ、近代ブルジョアジーは、それ自体が長い発展過程の産物である

Vemos que es una serie de revoluciones en los modos de producción y de intercambio

それは生産様式と交換様式における一連の革命であることがわかります

Cada paso de la burguesía desarrollista iba acompañado de un avance político correspondiente

ブルジョアジーの発展段階は、それに対応する政治的前進を伴った

Una clase oprimida bajo el dominio de la nobleza feudal
封建貴族の支配下にある抑圧された階級
una asociación armada y autónoma en la comuna medieval
中世のコミューンにおける武装した自治団体
aquí, una república urbana independiente (como en Italia y
Alemania)
ここでは、独立した都市共和国（イタリアやドイツのように）
allí, un "tercer estado" imponible de la monarquía (como en
Francia)
そこには、君主制の課税対象の「第三の財産」（フランスのように）
posteriormente, en el período de fabricación propiamente
dicho
その後、適切な製造期間に
la burguesía servía a la monarquía semifeudal o a la
monarquía absoluta
ブルジョアジーは半封建制か絶対君主制のいずれかに仕えた
o la burguesía actuaba como contrapeso contra la nobleza
あるいは、ブルジョアジーは貴族に対するカウンターポイズとして機能した
y, de hecho, la burguesía era una piedra angular de las
grandes monarquías en general
そして実際、ブルジョアジーは大君主制全般の礎石であった
pero la industria moderna y el mercado mundial se
establecieron desde entonces
しかし、近代産業と世界市場はそれ以来確立されました
y la burguesía ha conquistado para sí el dominio político
exclusivo
そして、ブルジョアジーは、排他的な政治的支配権を自ら征服した
logró esta influencia política a través del Estado
representativo moderno

それは、近代的な代議制国家を通じて、この政治的影響力を達成した

Los ejecutivos del Estado moderno no son más que un comité de gestión

近代国家の執行部は、管理委員会にすぎない

y manejan los asuntos comunes de toda la burguesía

そして、彼らはブルジョアジー全体の共通の問題を管理する

La burguesía, históricamente, ha desempeñado un papel muy revolucionario

ブルジョアジーは、歴史的に見て、最も革命的な役割を演じてきた

Dondequiera que se impuso, puso fin a todas las relaciones feudales, patriarcales e idílicas

優位に立ったところでは、封建的、家父長的、牧歌的な関係に終止符を打った

Ha roto sin piedad los abigarrados lazos feudales que unían al hombre con sus "superiores naturales"

それは、人間を「生まれながらの上司」に縛り付けていた雑多な封建的な絆を情け容赦なく引き裂いた

y no ha dejado ningún nexo entre el hombre y el hombre, más allá del puro interés propio

そしてそれは、むき出しの私利私欲以外に、人間と人間の間に何のつながりも残さなかった

Las relaciones del hombre entre sí se han convertido en nada más que un cruel "pago en efectivo"

人間同士の関係は、無神経な「現金支払い」に過ぎなくなってしまった

Ha ahogado los éxtasis más celestiales del fervor religioso

それは、宗教的熱情の最も天国的な恍惚感を溺れさせました

ha ahogado el entusiasmo caballeresco y el sentimentalismo filisteo

それは騎士道的な熱狂とペリシテのセンチメンタリズムを溺れさせました

ha ahogado estas cosas en el agua helada del cálculo egoísta
それは、利己的な計算の氷水にこれらのものを溺れさせ
ました
Ha resuelto el valor personal en valor de cambio
それは個人の価値を交換可能な価値に分解した
Ha sustituido a las innumerables e imprescriptibles
libertades estatutarias
それは、数え切れないほどの、定義しがたい勅許された
自由に取って代わった
y ha establecido una libertad única e inconcebible; Libre
cambio
そして、それは単一の、非良心的な自由を打ち立てた。
自由貿易
En una palabra, lo ha hecho para la explotación
一言で言えば、搾取のためにこれをやったのです
explotación velada por ilusiones religiosas y políticas
宗教的・政治的幻想に覆われた搾取
explotación velada por una explotación desnuda,
desvergonzada, directa, brutal
むき出しの、恥知らずな、直接的で、残忍な搾取によっ
てベールに包まれた搾取
la burguesía ha despojado de la aureola a todas las
ocupaciones anteriormente honradas y veneradas
ブルジョアジーは、それまで栄誉と尊敬を集めていたあ
らゆる職業から光輪を剥ぎ取った
el médico, el abogado, el sacerdote, el poeta y el hombre de
ciencia
医者、弁護士、聖職者、詩人、そして科学者
Ha convertido a estos distinguidos trabajadores en sus
trabajadores asalariados
中国は、これらの著名な労働者を有給の賃金労働者に変
えた
La burguesía ha rasgado el velo sentimental de la familia
ブルジョアジーは家族から感傷的なベールを引き裂いた
y ha reducido la relación familiar a una mera relación
monetaria

そして、それは家族関係を単なる金銭的関係に還元してしまった

el brutal despliegue de vigor en la Edad Media que tanto admiran los reaccionarios

反動主義者が賞賛する中世の残忍な活力の誇示

Aun esto encontró su complemento adecuado en la más perezosa indolencia

これでさえ、最も怠惰な怠惰にふさわしい補完物を見つけました

La burguesía ha revelado cómo sucedió todo esto

ブルジョアジーは、この全てがどのようにして起こったのかを暴露した

La burguesía ha sido la primera en mostrar lo que la actividad del hombre puede producir

ブルジョアジーは、人間の活動が何をもたらすことができるかを最初に示してきた

Ha logrado maravillas que superan con creces las pirámides egipcias, los acueductos romanos y las catedrales góticas

エジプトのピラミッド、ローマの水道橋、ゴシック様式の大聖堂をはるかに凌駕する驚異を成し遂げました

y ha llevado a cabo expediciones que han hecho sombra a todos los antiguos Éxodos de naciones y cruzadas

そして、かつての国々の出エジプトや十字軍のすべてを日陰にする遠征を行ってきました

La burguesía no puede existir sin revolucionar constantemente los instrumentos de producción

ブルジョアジーは、生産手段を絶えず革命することなしには存在し得ない

y, por lo tanto, no puede existir sin sus relaciones con la producción

したがって、それは生産との関係なしには存在し得ない

y, por lo tanto, no puede existir sin sus relaciones con la sociedad

したがって、社会との関係なしには存在し得ません

Todas las clases industriales anteriores tenían una condición en común

それ以前のすべての産業階級には、1つの共通条件があ
りました

Confiaban en la conservación de los antiguos modos de
producción

彼らは古い生産様式の保存に頼っていた

pero la burguesía trajo consigo una dinámica completamente
nueva

しかし、ブルジョアジーはまったく新しい力学をもたら
した

Revolucionar constantemente la producción y perturbar
ininterrumpidamente todas las condiciones sociales

生産の絶え間ない革命とあらゆる社会条件の絶え間ない
撹乱

esta eterna incertidumbre y agitación distingue a la época
burguesa de todas las anteriores

この永遠に続く不確実性と動揺は、ブルジョアジーの時
代をそれ以前のすべての時代と区別する

Las relaciones previas con la producción vinieron
acompañadas de antiguos y venerables prejuicios y
opiniones

以前の生産との関係には、古くからある偏見や意見が伴
いました

Pero todas estas relaciones fijas y congeladas son barridas

しかし、これらの固定された、急速に凍結された関係は
すべて一掃されます

Todas las relaciones recién formadas se vuelven anticuadas
antes de que puedan osificarse

新しく形成されたすべての関係は、骨化する前に時代遅
れになります

Todo lo que es sólido se derrite en el aire, y todo lo que es
santo es profanado

固いものはすべて空気に溶け、聖なるものはすべて冒涜
される

El hombre se ve finalmente obligado a afrontar con sus
sentidos sobrios sus verdaderas condiciones de vida

人間はついに、冷静な感覚、つまり人生の本当の条件と
向き合うことを余儀なくされる

y se ve obligado a afrontar sus relaciones con los de su
especie

そして、彼は自分の種族との関係に直面することを余儀
なくされています

La burguesía necesita constantemente ampliar sus mercados
para sus productos

ブルジョアジーは、常にその製品の市場を拡大する必要
があります

y, debido a esto, la burguesía es perseguida por toda la
superficie del globo

そして、このために、ブルジョアジーは地球の表面全体
を追いかけている

La burguesía debe anidar en todas partes, establecerse en
todas partes, establecer conexiones en todas partes

ブルジョアジーは、どこにでも寄り添い、どこにでも定
住し、どこにでもつながりを築かなければならない

La burguesía debe crear mercados en todos los rincones del
mundo para explotar

ブルジョアジーは、世界の隅々に市場をつくりだし、搾
取しなければならない

La producción y el consumo en todos los países han
adquirido un carácter cosmopolita

各国の生産と消費には、コスモポリタンな性格が与えら
れています

el disgusto de los reaccionarios es palpable, pero ha
continuado a pesar de todo

反動主義者の悔しさは明白であるが、それはそれにもか
かわらず続いている

La burguesía ha sacado de debajo de los pies de la industria
el terreno nacional en el que se encontraba

ブルジョアジーは、産業の足元から、ブルジョアジーが
立っている国家的基盤を引き出してきた

Todas las industrias nacionales de vieja data han sido
destruidas, o están siendo destruidas diariamente
古くからある国家産業はすべて破壊されたか、あるいは
日々破壊されつつある
Todas las viejas industrias nacionales son desplazadas por
las nuevas industrias
老舗の国内産業は、すべて新しい産業に追い出される
Su introducción se convierte en una cuestión de vida o
muerte para todas las naciones civilizadas
それらの導入は、すべての文明国にとって生死に関わる
問題となる
son desalojados por industrias que ya no trabajan con
materia prima autóctona
彼らは、もはや土着の原材料を加工しない産業によって
追い出されています
En cambio, estas industrias extraen materias primas de las
zonas más remotas
代わりに、これらの産業は最も遠隔地から原材料を引き
出します
industrias cuyos productos se consumen, no solo en el país,
sino en todos los rincones del mundo
その製品が家庭だけでなく、世界のあらゆる場所で消費
されている産業
En lugar de las viejas necesidades, satisfechas por las
producciones del país, encontramos nuevas necesidades
古い欲求の代わりに、国の生産物によって満たされ、新
しい欲求を見つけます
Estas nuevas necesidades requieren para su satisfacción los
productos de tierras y climas lejanos
これらの新しい欲求は、その満足のために、遠くの土地
や気候の産物を必要とする
En lugar de la antigua reclusión y autosuficiencia local y
nacional, tenemos el comercio
古い地方や国の隔離と自給自足の代わりに、私たちは貿
易をしています

intercambio internacional en todas las direcciones;
Interdependencia universal de las naciones
あらゆる方向での国際交流。国家の普遍的な相互依存
Y así como dependemos de los materiales, también
dependemos de la producción intelectual
そして、私たちが物質に依存しているように、私たちは
知的生産に依存しています
Las creaciones intelectuales de las naciones individuales se
convierten en propiedad común
個々の国家の知的創造物は共有財産となる
La unilateralidad nacional y la estrechez de miras se vuelven
cada vez más imposibles
国家の一面性、偏狭さはますます不可能になる
y de las numerosas literaturas nacionales y locales, surge una
literatura mundial
そして、数多くの国や地方の文学から、世界文学が生ま
れます
por el rápido perfeccionamiento de todos los instrumentos
de producción
すべての生産手段の急速な改善によって
por los medios de comunicación inmensamente facilitados
非常に容易な通信手段によって
La burguesía atrae a todos (incluso a las naciones más
bárbaras) a la civilización
ブルジョアジーは、すべての（最も野蛮な国々でさえも）
文明に引き込む
Los precios baratos de sus mercancías; la artillería pesada
que derriba todas las murallas chinas
その商品の安い価格。中国全土の壁を打ち破る重砲
El odio intensamente obstinado de los bárbaros hacia los
extranjeros se ve obligado a capitular
野蛮人の外国人に対する強烈な憎悪は降伏を余儀なくさ
れる
Obliga a todas las naciones, bajo pena de extinción, a
adoptar el modo de producción burgués

それは、すべての国が、絶滅の苦痛を味わって、ブルジョアジー的生産様式を採用することを強いる

los obliga a introducir lo que llama civilización en su seno

それは彼らに、文明と呼ぶものを彼らの中に導入することを強いる

La burguesía obliga a los bárbaros a convertirse ellos mismos en burgueses

ブルジョアジーは、野蛮人自身をブルジョアジーにすることを強制する

en una palabra, la burguesía crea un mundo a su imagen y semejanza

一言でいえば、ブルジョアジーは自らのイメージに倣って世界を創造する

La burguesía ha sometido el campo al dominio de las ciudades

ブルジョアジーは、田舎を町の支配に服従させた

Ha creado enormes ciudades y ha aumentado considerablemente la población urbana

それは巨大な都市を作り、都市人口を大幅に増加させました

Rescató a una parte considerable de la población de la idiotez de la vida rural

それは、田舎の生活の愚かさから人口のかなりの部分を救いました

pero ha hecho que los del campo dependan de las ciudades

しかし、それは田舎の人々を町に依存させました

y asimismo, ha hecho que los países bárbaros dependan de los civilizados

同様に、それは野蛮な国々を文明国に依存させました

naciones de campesinos sobre naciones de la burguesía, el Este sobre el Oeste

ブルジョアジーの国には農民の国、西には東の国

La burguesía suprime cada vez más el estado disperso de la población

ブルジョアジーは、人口の分散した状態をますます排除する

Ha aglomerado la producción y ha concentrado la propiedad en pocas manos

それは生産を凝集し、少数の手に財産を集中させました

La consecuencia necesaria de esto fue la centralización política

この必然的な帰結は、政治的中央集権化であった

Había habido naciones independientes y provincias poco conectadas

独立国家と緩やかに結びついた州があった

Tenían intereses, leyes, gobiernos y sistemas tributarios separados

彼らは別々の利益、法律、政府、税制を持っていました

pero se han agrupado en una sola nación, con un solo gobierno

しかし、彼らは一つの国、一つの政府にまとめられてしまった

Ahora tienen un interés nacional de clase, una frontera y un arancel aduanero

彼らは今、1つの国家階級的利益、1つのフロンティア、1つの関税を持っている

Y este interés nacional de clase está unificado bajo un solo código de leyes

そして、この民族的階級的利益は、一つの法典の下に統一される

la burguesía ha logrado mucho durante su gobierno de apenas cien años

ブルジョアジーは、わずか100年の支配の間に多くのことを成し遂げた

fuerzas productivas más masivas y colosales que todas las generaciones precedentes juntas

先行するすべての世代を合わせたよりも、より大規模で巨大な生産力

Las fuerzas de la naturaleza están subyugadas a la voluntad del hombre y su maquinaria

自然の力は、人間とその機械の意志に隷属しています

La química se aplica a todas las formas de industria y tipos de agricultura

化学は、あらゆる形態の産業と農業の種類に適用されます

la navegación a vapor, los ferrocarriles, los telégrafos eléctricos y la imprenta

蒸気航行、鉄道、電信、印刷機

desbroce de continentes enteros para el cultivo, canalización de ríos

耕作のための全大陸の清算、河川の運河化

Poblaciones enteras han sido sacadas de la tierra y puestas a trabajar

全住民が地面から召喚され、働かされた

¿Qué siglo anterior tuvo siquiera un presentimiento de lo que podría desencadenarse?

何が起きるのか、という予感が湧いたのは、前世紀だったのだろうか。

¿Quién predijo que tales fuerzas productivas dormitaban en el regazo del trabajo social?

このような生産力が社会労働の膝元に眠っていると誰が予測したのだろうか。

Vemos, pues, que los medios de producción y de intercambio se generaban en la sociedad feudal

したがって、生産手段と交換手段は封建社会で生み出されたことがわかる

los medios de producción sobre cuyos cimientos se construyó la burguesía

ブルジョアジーが自らを基礎として築き上げた生産手段

En una determinada etapa del desarrollo de estos medios de producción y de intercambio

これらの生産手段と交換手段の発展の特定の段階

las condiciones bajo las cuales la sociedad feudal producía e intercambiaba

封建社会が生産し交換した条件

La organización feudal de la agricultura y la industria manufacturera

農業と製造業の封建組織

Las relaciones feudales de propiedad ya no eran compatibles con las condiciones materiales

封建的な財産関係は、もはや物質的条件と両立しなかった

Tuvieron que ser reventados en pedazos, por lo que fueron reventados en pedazos

彼らはバラバラに破裂しなければならなかったので、彼らはバラバラに破裂しました

En su lugar entró la libre competencia de las fuerzas productivas

その場所に生産力からの自由競争は歩んだ

y fueron acompañadas de una constitución social y política adaptada a ella

そして、それに適応した社会的・政治的憲法が伴っていた

y fue acompañado por el dominio económico y político de la burguesía

そしてそれは、ブルジョア階級の経済的、政治的影響力を伴っていた

Un movimiento similar está ocurriendo ante nuestros propios ojos

同じような動きが目の前で起きている

La sociedad burguesa moderna con sus relaciones de producción, de intercambio y de propiedad

生産関係、交換関係、所有関係を持つ近代ブルジョアジー社会

una sociedad que ha conjurado medios de producción y de intercambio tan gigantescos

このような巨大な生産手段と交換手段を生み出した社会

Es como el hechicero que invocó los poderes del mundo inferior

冥界の力を召喚した魔術師のようだ

Pero ya no es capaz de controlar lo que ha traído al mundo

しかし、彼はもはや自分がこの世にもたらしたものをコントロールすることはできません

Durante muchas décadas, la historia pasada estuvo unida por un hilo conductor

過去10年間、過去の歴史は共通の糸で結ばれていました

La historia de la industria y del comercio no ha sido más que la historia de las revueltas

産業と商業の歴史は、反乱の歴史にすぎなかった

las revueltas de las fuerzas productivas modernas contra las condiciones modernas de producción

近代的生産諸条件に対する近代的生産力の反乱

Las revueltas de las fuerzas productivas modernas contra las relaciones de propiedad

所有関係に対する近代的生産力の反乱

estas relaciones de propiedad son las condiciones para la existencia de la burguesía

これらの所有関係は、ブルジョアジーの存在条件である

y la existencia de la burguesía determina las reglas de las relaciones de propiedad

そして、ブルジョアジーの存在が財産関係の規則を決定する

Baste mencionar el retorno periódico de las crisis comerciales

商業危機の定期的な再来について言及するだけで十分です

cada crisis comercial es más amenazante para la sociedad burguesa que la anterior

それぞれの商業的危機は、ブルジョアジー社会にとって、前回よりも脅威となっている

En estas crisis se destruye gran parte de los productos existentes

これらの危機では、既存の製品の大部分が破壊されます

Pero estas crisis también destruyen las fuerzas productivas previamente creadas

しかし、これらの危機は、以前に生み出された生産力も破壊する

En todas las épocas anteriores, estas epidemias habrían parecido un absurdo

それ以前のすべての時代において、これらの伝染病は不条理に思われたであろう

porque estas epidemias son las crisis comerciales de la sobreproducción

なぜなら、これらの伝染病は過剰生産の商業的危機だからです

De repente, la sociedad se encuentra de nuevo en un estado de barbarie momentánea

社会は突如として、一瞬の野蛮な状態に逆戻りする

como si una guerra universal de devastación hubiera cortado todos los medios de subsistencia

あたかも、世界規模の荒廃戦争が、あらゆる生存手段を断ち切ったかのように

la industria y el comercio parecen haber sido destruidos; ¿Y por qué?

産業と商業は破壊されたようです。でなぜ。

Porque hay demasiada civilización y medios de subsistencia

文明と生活手段が多すぎるからです

y porque hay demasiada industria y demasiado comercio

そして、産業が多すぎて、商業が多すぎるからです

Las fuerzas productivas a disposición de la sociedad ya no desarrollan la propiedad burguesa

社会が自由に使える生産力は、もはやブルジョアジーの所有を発展させない

por el contrario, se han vuelto demasiado poderosos para estas condiciones, por las cuales están encadenados

それどころか、彼らはこれらの条件に対してあまりにも強力になりすぎており、それによって彼らは束縛されています

tan pronto como superan estas cadenas, traen el desorden a toda la sociedad burguesa

かれらは、これらの足枷を乗り越えるやいなや、ブルジョアジー社会全体に無秩序をもたらす

y las fuerzas productivas ponen en peligro la existencia de la
propiedad burguesa
そして、生産力はブルジョアジーの所有物の存在を危険
にさらす
Las condiciones de la sociedad burguesa son demasiado
estrechas para abarcar la riqueza creada por ellas
ブルジョアジー社会の諸条件は、ブルジョアジー社会が
生み出した富を成り立たせるには狭すぎる
¿Y cómo supera la burguesía estas crisis?
そして、ブルジョアジーはこれらの危機をどのように乗
り越えるのでしょうか?
Por un lado, supera estas crisis mediante la destrucción
forzada de una masa de fuerzas productivas
一方では、大量の生産力の強制的な破壊によってこれら
の危機を克服する
por otro lado, supera estas crisis mediante la conquista de
nuevos mercados
一方、新しい市場を征服することでこれらの危機を克服
します
y supera estas crisis mediante la explotación más completa
de las viejas fuerzas productivas
そして、それは、古い生産力のより徹底的な搾取によっ
てこれらの危機を克服する
Es decir, allanando el camino para crisis más extensas y
destructivas
つまり、より広範で破壊的な危機への道を開くことによ
ってです
supera la crisis disminuyendo los medios para prevenir las
crisis
それは、危機を防ぐ手段を減らすことによって危機を克
服する
Las armas con las que la burguesía derribó el feudalismo se
vuelven ahora contra sí misma
ブルジョアジーが封建制を地に堕とした武器は、今やブ
ルジョアジーに向けられている

Pero la burguesía no sólo ha forjado las armas que le dan la muerte

しかし、ブルジョアジーは、自らに死をもたらす武器を鍛え上げただけではない

También ha llamado a la existencia a los hombres que han de empuñar esas armas

それはまた、それらの武器を振るうべき男たちを存在させました

Y estos hombres son la clase obrera moderna; Son los proletarios

そして、これらの人々は現代の労働者階級である。彼らはプロレタリアである

En la misma proporción en que se desarrolla la burguesía, en la misma proporción se desarrolla el proletariado

ブルジョアジーが発展するのに比例して、プロレタリアートも同じ割合で発展する

La clase obrera moderna desarrolló una clase de trabajadores

現代の労働者階級は、労働者の階級を発展させた

Esta clase de obreros vive sólo mientras encuentran trabajo

この階級の労働者は、仕事を見つけるまでしか生きられない

y sólo encuentran trabajo mientras su trabajo aumenta el capital

そして、彼らは、彼らの労働が資本を増大させる間だけ、仕事を見つける

Estos obreros, que deben venderse a destajo, son una mercancía

これらの労働者は、自分自身を断片的に売らなければならず、商品である

Estos obreros son como cualquier otro artículo de comercio

これらの労働者は、他のすべての商取引品と同じである

y, en consecuencia, están expuestos a todas las vicisitudes de la competencia

その結果、彼らは競争のあらゆる浮き沈みにさらされることになります

Tienen que capear todas las fluctuaciones del mercado

彼らは市場のすべての変動を乗り切らなければなりません

Debido al uso extensivo de maquinaria y a la división del trabajo

機械の広範な使用と分業のため

El trabajo de los proletarios ha perdido todo carácter individual

プロレタリアの活動は、すべての個人的性格を失った

y, en consecuencia, el trabajo de los proletarios ha perdido todo encanto para el obrero

その結果、プロレタリアの労働は、労働者にとっての魅力を失った

Se convierte en un apéndice de la máquina, en lugar del hombre que una vez fue

彼はかつての人間ではなく、機械の付属物になる

Sólo se requiere de él la habilidad más simple, monótona y más fácil de adquirir

彼に求められるのは、最も単純で、単調で、最も簡単に習得できるコツだけです

Por lo tanto, el costo de producción de un trabajador está restringido

したがって、労働者の生産コストは制限されています

se restringe casi por completo a los medios de subsistencia que necesita para su manutención

それは、ほとんど完全に、彼が彼の維持のために必要とする生存手段に制限されています

y se restringe a los medios de subsistencia que necesita para la propagación de su raza

そして、それは、彼が自分の人種の繁殖に必要とする生存手段に限定されている

Pero el precio de una mercancía, y por lo tanto también del trabajo, es igual a su costo de producción

しかし、商品の価格、したがって労働の価格も、その生産費に等しい

Por lo tanto, a medida que aumenta la repulsividad del trabajo, disminuye el salario

したがって、それに比例して、仕事の反発力が高まると、賃金は減少します

Es más, la repulsión de su obra aumenta a un ritmo aún mayor

いや、彼の作品の反発はさらに大きくなっている

A medida que aumenta el uso de maquinaria y la división del trabajo, también lo hace la carga del trabajo

機械の使用と分業が増えるにつれて、労苦の負担も大きくなります

La carga del trabajo se incrementa con la prolongación de las horas de trabajo

労働時間の延長により労苦の負担が増す

Se espera más del obrero en el mismo tiempo que antes

以前と同じ時間に、労働者にもっと多くのことが期待されている

Y, por supuesto, la carga del trabajo aumenta por la velocidad de la maquinaria

そしてもちろん、労苦の負担は機械の速度によって増加します

La industria moderna ha convertido el pequeño taller del amo patriarcal en la gran fábrica del capitalista industrial

近代産業は、家父長制の主人の小さな作業場を産業資本家の大工場に変えた

Las masas de obreros, hacinados en la fábrica, están organizadas como soldados

工場に押し寄せた労働者の大衆は、兵士のように組織されている

Como soldados rasos del ejército industrial están bajo el mando de una jerarquía perfecta de oficiales y sargentos

産業軍の私兵として、彼らは将校と軍曹の完全な階層の指揮下に置かれます

no sólo son esclavos de la burguesía y del Estado

彼らはブルジョア階級と国家の奴隷だけではない

pero también son esclavizados diariamente y cada hora por la máquina

しかし、彼らはまた、毎日、毎時間、機械によって奴隷にされています

están esclavizados por el vigilante y, sobre todo, por el propio fabricante burgués

彼らは、監視する者によって、そして何よりも、個々のブルジョアジー製造業者自身によって奴隷化されている

Cuanto más abiertamente proclama este despotismo que la ganancia es su fin y su fin, tanto más mezquino, más odioso y más amargo es

この専制政治が、利得をその目的と目的であると公然と宣言すればするほど、それはより卑小で、より憎悪的で、より憤慨する

Cuanto más se desarrolla la industria moderna, menores son las diferencias entre los sexos

近代的な産業が発展すればするほど、男女間の違いは小さくなります

Cuanto menor es la habilidad y el ejercicio de la fuerza implícitos en el trabajo manual, tanto más el trabajo de los hombres es reemplazado por el de las mujeres

肉体労働に内在する技能と力の発揮が少なければ少ないほど、男性の労働は女性の労働に取って代わられる

Las diferencias de edad y sexo ya no tienen ninguna validez social distintiva para la clase obrera

年齢や性別の違いは、もはや労働者階級にとって明確な社会的妥当性をもたない

Todos son instrumentos de trabajo, más o menos costosos de usar, según su edad y sexo

すべては労働道具であり、年齢や性別に応じて多かれ少なかれ高価です

tan pronto como el obrero recibe su salario en efectivo, es atacado por las otras partes de la burguesía

労働者は、その賃金を現金で受け取るやいなや、ブルジョアジーの他の部分から搾取される

el propietario, el tendero, el prestamista, etc

家主、店主、質屋など

Los estratos más bajos de la clase media; los pequeños comerciantes y tenderos

中産階級の下層。小さな商人、人々、店主

los comerciantes jubilados en general, y los artesanos y campesinos

引退した商人一般、手工業者、農民

todo esto se hunde poco a poco en el proletariado

これらすべてはプロレタリアートに次第に沈む

en parte porque su minúsculo capital no basta para la escala en que se desarrolla la industria moderna

その理由の一つは、彼らの小さな資本が、近代産業が遂行されている規模に対して十分ではないからである

y porque está inundada en la competencia con los grandes capitalistas

そして、それは大資本家との競争に圧倒されているからです

en parte porque sus habilidades especializadas se vuelven inútiles por los nuevos métodos de producción

その理由の一つは、彼らの専門技術が新しい生産方法によって無価値になってしまったからである

De este modo, el proletariado es reclutado entre todas las clases de la población

こうして、プロレタリアートは人口のあらゆる階級から徴兵される

El proletariado pasa por varias etapas de desarrollo

プロレタリアートは様々な発展段階を経る

Con su nacimiento comienza su lucha con la burguesía

その誕生とともに、ブルジョアジーとの闘争が始まる

Al principio, la contienda es llevada a cabo por trabajadores individuales

最初は、個々の労働者によってコンテストが行われます

Entonces el concurso es llevado a cabo por los obreros de una fábrica

その後、コンテストは工場の労働者によって行われます

Entonces la contienda es llevada a cabo por los operarios de un oficio, en una localidad

そして、コンテストは、1つの地域で、1つの取引の工作員によって行われます

y la contienda es entonces contra la burguesía individual que los explota directamente

そして、その競争は、彼らを直接搾取する個々のブルジョアジーに対するものである

No dirigen sus ataques contra las condiciones de producción de la burguesía

かれらは、ブルジョアジーの生産条件に対してではなく、攻撃を向ける

pero dirigen su ataque contra los propios instrumentos de producción

しかし、彼らは生産手段そのものに攻撃を向ける

destruyen mercancías importadas que compiten con su mano de obra

彼らは、彼らの労働力と競合する輸入品を破壊します

Hacen pedazos la maquinaria y prenden fuego a las fábricas

彼らは機械を粉々に砕き、工場を燃やします

tratan de restaurar por la fuerza el estado desaparecido del obrero de la Edad Media

かれらは、中世の労働者の消滅した地位を力ずくで回復しようとする

En esta etapa, los obreros forman todavía una masa incoherente dispersa por todo el país

この段階では、労働者は依然として全国に散らばった支離滅裂な塊を形成している

y se rompen por su mutua competencia

そして、彼らは相互の競争によって分裂します

Si en alguna parte se unen para formar cuerpos más compactos, esto no es todavía la consecuencia de su propia unión activa

どこかでそれらが結合してよりコンパクトな体を形成したとしても、これはまだ彼ら自身の活発な結合の結果ではありません

pero es una consecuencia de la unión de la burguesía, para alcanzar sus propios fines políticos

しかし、それはブルジョアジーの団結の結果であり、ブルジョアジー自身の政治的目的を達成するためである

la burguesía se ve obligada a poner en movimiento a todo el proletariado

ブルジョアジーは、プロレタリアート全体を動かさざるを得ない

y además, por un momento, la burguesía es capaz de hacerlo

しかも、当面は、ブルジョアジーはそうすることができる

Por lo tanto, en esta etapa, los proletarios no luchan contra sus enemigos

したがって、この段階では、プロレタリアは敵と闘わない

sino que están luchando contra los enemigos de sus enemigos

しかし、その代わりに、彼らは敵の敵と戦っているのです

la lucha contra los restos de la monarquía absoluta y los terratenientes

絶対君主制の残党と地主との戦い

luchan contra la burguesía no industrial; la pequeña burguesía

彼らは非産業ブルジョアジーと闘う。小ブルジョアジー

De este modo, todo el movimiento histórico se concentra en manos de la burguesía

かくして、全歴史的運動はブルジョアジーの手中に集中している

cada victoria así obtenida es una victoria para la burguesía

こうして得られたすべての勝利は、ブルジョアジーの勝利である

Pero con el desarrollo de la industria, el proletariado no sólo aumenta en número

しかし、産業の発展とともに、プロレタリアートの数が
増えるだけではない
el proletariado se concentra en grandes masas y su fuerza
crece
プロレタリアートはより大きな大衆に集中し、その力は
増大する
y el proletariado siente cada vez más esa fuerza
そして、プロレタリアートはますますその強さを感じる
Los diversos intereses y condiciones de vida en las filas del
proletariado se igualan cada vez más
プロレタリアートの階級におけるさまざまな利害と生活
条件は、ますます平等化される
se vuelven más proporcionales a medida que la maquinaria
borra todas las distinciones de trabajo
それらは、機械が労働のあらゆる区別を消し去るにつれ
て、より比例するようになる
y la maquinaria reduce los salarios al mismo nivel bajo en
casi todas partes
そして、ほぼどこでも機械が賃金を同じ低水準にまで引
き下げている
La creciente competencia entre la burguesía, y las crisis
comerciales resultantes, hacen que los salarios de los obreros
sean cada vez más fluctuantes
ブルジョアジー間の競争の激化と、その結果としての商
業危機は、労働者の賃金をますます変動させている
La mejora incesante de la maquinaria, que se desarrolla cada
vez más rápidamente, hace que sus medios de vida sean cada
vez más precarios
機械の絶え間ない改良は、ますます急速に発展し、彼ら
の生活をますます不安定にしています
los choques entre obreros individuales y burgueses
individuales toman cada vez más el carácter de choques
entre dos clases
個々の労働者と個々のブルジョアジーとの衝突は、二つ
の階級のあいだの衝突の性格をますますとっている

A partir de ese momento, los obreros comienzan a formar
uniones (sindicatos) contra la burguesía
そこで労働者はブルジョアジーに対して組合せ（労働組
合）を形作り始める
se agrupan para mantener el ritmo de los salarios
彼らは賃金率を維持するために一緒にクラブをします
Fundaron asociaciones permanentes para hacer frente de
antemano a estas revueltas ocasionales
かれらは、これらの時折の反乱に備えるために恒久的な
結社を見つけた
Aquí y allá la contienda estalla en disturbios
あちこちで争いが暴動に発展
De vez en cuando los obreros salen victoriosos, pero sólo por
un tiempo
ときどき労働者は勝利するが、それは一時的なものにす
ぎない
El verdadero fruto de sus batallas no reside en el resultado
inmediato, sino en la unión cada vez mayor de los
trabajadores
彼らの闘いの真の成果は、目先の結果ではなく、拡大し
続ける労働者の組合にある
Esta unión se ve favorecida por la mejora de los medios de
comunicación creados por la industria moderna
この結合は、近代産業によって生み出された改善された
コミュニケーション手段によって助けられています
La comunicación moderna pone en contacto a los
trabajadores de diferentes localidades
現代のコミュニケーションでは、さまざまな地域の労働
者が互いに接触しています
Era precisamente este contacto el que se necesitaba para
centralizar las numerosas luchas locales en una lucha
nacional entre clases
数多くの地方闘争を階級間の一つの民族的闘争に集中さ
せるのに必要だったのは、まさにこの接触であった
Todas estas luchas tienen el mismo carácter, y toda lucha de
clases es una lucha política

これらの闘争はすべて同じ性格のものであり、すべての階級闘争は政治闘争である

los burgueses de la Edad Media, con sus miserables carreteras, necesitaron siglos para formar sus uniones

中世の市民は、悲惨な高速道路で、組合を形成するのに何世紀もかかりました

Los proletarios modernos, gracias a los ferrocarriles, logran sus sindicatos en pocos años

現代のプロレタリアは、鉄道のおかげで、数年以内に組合を結成する

Esta organización de los proletarios en una clase los formó, por consiguiente, en un partido político

プロレタリア階級のこの組織化は、結果的に彼らを政党に形成した

La clase política se ve continuamente molesta por la competencia entre los propios trabajadores

政治階級は、労働者同士の競争によって、再び絶えず動揺している

Pero la clase política sigue levantándose de nuevo, más fuerte, más firme, más poderosa

しかし、政治階級は再び立ち上がり、より強く、より堅固に、より強大に立ち上がり続けている

Obliga al reconocimiento legislativo de los intereses particulares de los trabajadores

それは、労働者の特定の利益を立法府が認めることを強制するものである

lo hace aprovechándose de las divisiones en el seno de la propia burguesía

それは、ブルジョアジー自身の間の分裂を利用することによって、これを行う

De este modo, el proyecto de ley de las diez horas en Inglaterra se convirtió en ley

こうして、イギリスの10時間法案が法制化されました

en muchos sentidos, las colisiones entre las clases de la vieja sociedad son, además, el curso del desarrollo del proletariado

多くの点で、旧社会の階級間の衝突は、さらにプロレタ
リアートの発展の過程である

La burguesía se ve envuelta en una batalla constante
ブルジョアジーは絶え間ない戦いに巻き込まれている

Al principio se verá envuelto en una batalla constante con la
aristocracia
最初は貴族との絶え間ない戦いに巻き込まれます

más tarde se verá envuelta en una batalla constante con esas
partes de la propia burguesía
のちに、ブルジョアジー自体のこれらの部分との絶え間
ない戦いに巻き込まれることになる

y sus intereses se habrán vuelto antagónicos al progreso de
la industria
そして、彼らの利益は産業の進歩に敵対するものになる
だろう

en todo momento, sus intereses se habrán vuelto
antagónicos con la burguesía de los países extranjeros
つねに、かれらの利害は、外国のブルジョアジーと敵対
するものとなるであろう

En todas estas batallas se ve obligado a apelar al proletariado
y pide su ayuda
これらすべての闘争において、プロレタリアートに訴え
ざるを得ないと考え、プロレタリアートに助けを求める

y, por lo tanto, se sentirá obligado a arrastrarlo a la arena
política
それゆえ、政治の場に引きずり込まざるを得ないと感じ
るだろう

La burguesía misma, por lo tanto, suministra al proletariado
sus propios instrumentos de educación política y general
したがって、ブルジョアジー自身が、プロレタリアート
に独自の政治的および一般教育の手段を供給している

en otras palabras, suministra al proletariado armas para
luchar contra la burguesía
言い換えれば、それはプロレタリアートにブルジョアジ
ーと戦うための武器を提供するのである

Además, como ya hemos visto, sectores enteros de las clases dominantes se precipitan en el proletariado

さらに、すでに見てきたように、支配階級の全部門がプロレタリアートに沈殿している

el avance de la industria los absorbe en el proletariado

産業の進歩は彼らをプロレタリアートに吸い込む

o, al menos, están amenazados en sus condiciones de existencia

あるいは、少なくとも、彼らはその存在条件において脅かされている

Estos también suministran al proletariado nuevos elementos de ilustración y progreso

これらはまた、プロレタリアートに啓蒙と進歩の新鮮な要素を供給する

Finalmente, en momentos en que la lucha de clases se acerca a la hora decisiva

最後に、階級闘争が決定的な時に近づくとき

el proceso de disolución que se está llevando a cabo en el seno de la clase dominante

支配階級の中で進行する解体プロセス

De hecho, la disolución que se está produciendo en el seno de la clase dominante se sentirá en toda la sociedad

実際、支配階級の中で起きている解体は、社会のあらゆる範囲で感じられるでしょう

Tomará un carácter tan violento y deslumbrante, que un pequeño sector de la clase dominante se quedará a la deriva

それは、支配階級のごく一部が自らを漂流させるほどの暴力的で、あからさまな性格を帯びるだろう

y esa clase dominante se unirá a la clase revolucionaria

そして、その支配階級は革命階級に加わるだろう

La clase revolucionaria es la clase que tiene el futuro en sus manos

革命的階級は、未来をその手に握る階級である

Al igual que en un período anterior, una parte de la nobleza se pasó a la burguesía

以前の時代と同じように、貴族の一部はブルジョアジーに寝返った

de la misma manera que una parte de la burguesía se pasará al proletariado

ブルジョアジーの一部がプロレタリアートに寝返るのと同じように

en particular, una parte de la burguesía pasará a una parte de los ideólogos de la burguesía

とくに、ブルジョアジーの一部は、ブルジョアジーのイデオロギー論者の一部に渡るであろう

Ideólogos burgueses que se han elevado al nivel de comprender teóricamente el movimiento histórico en su conjunto

ブルジョアジー・イデオロギーは、歴史運動全体を理論的に理解するレベルにまで高めた

De todas las clases que hoy se encuentran frente a frente con la burguesía, sólo el proletariado es una clase realmente revolucionaria

こんにちにブルジョアジーと対峙するすべての階級の中で、プロレタリアートだけがまことに革命的な階級である

Las otras clases decaen y finalmente desaparecen frente a la industria moderna

他の階級は衰退し、近代産業を前にしてついに消滅する

el proletariado es su producto especial y esencial

プロレタリアートは、その特別で不可欠な生産物である

La clase media baja, el pequeño fabricante, el tendero, el artesano, el campesino

下層中産階級、小規模製造業者、商店主、職人、農民

todos ellos luchan contra la burguesía

これらすべてがブルジョアジーと闘う

Luchan como fracciones de la clase media para salvarse de la extinción

彼らは絶滅から自分たちを救うために中産階級の一部分として戦う

Por lo tanto, no son revolucionarios, sino conservadores

したがって、彼らは革命的ではなく、保守的です

Más aún, son reaccionarios, porque tratan de hacer
retroceder la rueda de la historia

いや、それどころか、彼らは反動的だ、なぜなら、彼ら
は歴史の歯車を巻き戻そうとしているからだ

Si por casualidad son revolucionarios, lo son sólo en vista de
su inminente transferencia al proletariado

もし彼らがたまたま革命的であるとすれば、それはプロ
レタリアートへの差し迫った転向を視野に入れたからに
すぎない

Por lo tanto, no defienden sus intereses presentes, sino sus
intereses futuros

したがって、彼らは現在の利益ではなく、将来の利益を
擁護します

abandonan su propio punto de vista para situarse en el del
proletariado

彼らは自らの立場を捨てて、プロレタリアートの立場に
身を置く

La "clase peligrosa", la escoria social, esa masa pasivamente
putrefacta arrojada por las capas más bajas de la vieja
sociedad

「危険な階級」、社会のクズ、古い社会の最下層によっ
て放り出された受動的に腐敗した大衆

pueden, aquí y allá, ser arrastrados al movimiento por una
revolución proletaria

かれらは、あちこちで、プロレタリア革命によって運動
に押し流されるかもしれない

Sus condiciones de vida, sin embargo, la preparan mucho
más para el papel de un instrumento sobornado de la intriga
reaccionaria

しかし、その生活条件は、賄賂をもらった反動的な陰謀
の道具としての役割をはるかに満たしている

En las condiciones del proletariado, los de la vieja sociedad
en general están ya virtualmente desbordados

プロレタリアートの諸条件では、旧社会一般の諸条件は、すでに事実上、圧倒されている

El proletario carece de propiedad

プロレタリアは財産をもたない

su relación con su mujer y sus hijos ya no tiene nada en común con las relaciones familiares de la burguesía

彼の妻や子供との関係は、もはやブルジョアジーの家族関係とは何の共通点もない

el trabajo industrial moderno, el sometimiento moderno al capital, lo mismo en Inglaterra que en Francia, en Estados Unidos como en Alemania

近代的産業労働、近代的資本への服従、イギリスでもフランスでも、アメリカでもドイツでも同じ

Su condición en la sociedad lo ha despojado de todo rastro de carácter nacional

社会における彼の状態は、彼から国民性のあらゆる側面を剥ぎ取った

El derecho, la moral, la religión, son para él otros tantos prejuicios burgueses

法律、道徳、宗教は、彼にとって非常に多くのブルジョアジーの偏見です

y detrás de estos prejuicios acechan emboscados otros tantos intereses burgueses

そして、これらの偏見の背後には、多くのブルジョアジーの利益と同じように待ち伏せに潜んでいる

Todas las clases precedentes que se impusieron trataron de fortalecer su estatus ya adquirido

優位に立った先行するすべての階級は、すでに獲得した地位を強化しようとしました

Lo hicieron sometiendo a la sociedad en general a sus condiciones de apropiación

彼らは、社会全体を彼らの流用条件に服従させることによってこれを行いました

Los proletarios no pueden llegar a ser dueños de las fuerzas productivas de la sociedad

プロレタリアは、社会の生産力の主人にはなれない

sólo puede hacerlo aboliendo su propio modo anterior de apropiación

これは、以前の流用方法を廃止することによってのみ行うことができます

y, por lo tanto, también suprime cualquier otro modo anterior de apropiación

そして、それによって、それはまた、他のすべての以前の流用様式を廃止する

No tienen nada propio que asegurar y fortificar

彼らには、確保し、強化するものが何もない

Su misión es destruir todos los valores y seguros anteriores de la propiedad individual

彼らの使命は、個々の財産の以前のすべての証券と保険を破壊することです

Todos los movimientos históricos anteriores fueron movimientos de minorías

それ以前の歴史的運動はすべてマイノリティの運動だった

o eran movimientos en interés de las minorías

あるいは、マイノリティの利益のための運動だった

El movimiento proletario es el movimiento consciente e independiente de la inmensa mayoría

プロレタリア運動は、圧倒的多数派の自覚的で独立した運動である

Y es un movimiento en interés de la inmensa mayoría

そして、それは圧倒的多数の利益のための運動です

El proletariado, el estrato más bajo de nuestra sociedad actual

プロレタリアート、現代社会の最下層

no puede agitarse ni elevarse sin que todos los estratos superiores de la sociedad oficial salgan al aire

それは、公式社会の超現職の階層全体が空中に跳ね出されることなしには、自分自身を攪拌したり、立ち上がらせたりすることはできない

Aunque no en el fondo, sí en la forma, la lucha del proletariado con la burguesía es, al principio, una lucha nacional

プロレタリアートとブルジョアジーとの闘争は、実質的にはそうではないが、形式的には、まず民族闘争である

El proletariado de cada país debe, por supuesto, en primer lugar arreglar las cosas con su propia burguesía

もちろん、各国のプロレタリアートは、まず第一に自国のブルジョアジーと問題を解決しなければならない

Al describir las fases más generales del desarrollo del proletariado, hemos trazado la guerra civil más o menos velada

プロレタリアートの発展の最も一般的な段階を描写するにあたって、われわれは多かれ少なかれベールに包まれた内戦をたどった

Este civil está haciendo estragos dentro de la sociedad existente

この市民は、既存の社会の中で猛威を振るっています

Se enfurecerá hasta el punto en que esa guerra estalle en una revolución abierta

それは、その戦争が公然たる革命に勃発するところまで激怒するだろう

y luego el derrocamiento violento de la burguesía sienta las bases para el dominio del proletariado

そして、ブルジョアジーの暴力的打倒が、プロレタリアートの支配の基礎を築く

Hasta ahora, todas las formas de sociedad se han basado, como ya hemos visto, en el antagonismo de las clases opresoras y oprimidas

これまで、社会のあらゆる形態は、すでに見てきたように、抑圧階級と被抑圧階級の対立に基づいてきた

Pero para oprimir a una clase, hay que asegurarle ciertas condiciones

しかし、階級を抑圧するためには、一定の条件が保証されなければならない

La clase debe ser mantenida en condiciones en las que
pueda, por lo menos, continuar su existencia servil
階級は、少なくとも奴隷的な存在を維持できる条件のも
とに保たれなければならない
El siervo, en el período de la servidumbre, se elevaba a la
comuna
農奴は、農奴制の時代には、コミューンのメンバーにま
で上り詰めた
del mismo modo que la pequeña burguesía, bajo el yugo del
absolutismo feudal, logró convertirse en burguesía
小ブルジョアジーが、封建的絶対主義のくびきの下で、
なんとかブルジョアジーに発展したように
El obrero moderno, por el contrario, en lugar de elevarse con
el progreso de la industria, se hunde cada vez más
それどころか、現代の労働者は、産業の進歩とともに上
昇するどころか、ますます深く沈んでいく
se hunde por debajo de las condiciones de existencia de su
propia clase
彼は、自分の階級の存在条件の下に沈む
Se convierte en un indigente, y el pauperismo se desarrolla
más rápidamente que la población y la riqueza
彼は貧乏人になり、貧乏人は人口や富よりも急速に発展
します
Y aquí se hace evidente que la burguesía ya no es apta para
ser la clase dominante de la sociedad
そしてここで、ブルジョアジーはもはや社会の支配階級
になるのにふさわしくないということが明らかになる
y no es apta para imponer sus condiciones de existencia a la
sociedad como una ley imperativa
そして、その存在条件を最優先の法律として社会に押し
付けるのは不適切です
Es incapaz de gobernar porque es incapaz de asegurar una
existencia a su esclavo dentro de su esclavitud
なぜなら、奴隷の奴隷状態の中でその存在を保証する能
力がないからである

porque no puede evitar dejarlo hundirse en tal estado, que
tiene que alimentarlo, en lugar de ser alimentado por él
なぜなら、それは彼をそのような状態に沈ませずにはい
られないからであり、彼によって養われるのではなく、
彼を養わなければならないからである
La sociedad ya no puede vivir bajo esta burguesía
社会はもはやこのブルジョアジーの下では生きていけな
い
En otras palabras, su existencia ya no es compatible con la
sociedad
つまり、その存在はもはや社会と両立しない
La condición esencial para la existencia y el dominio de la
burguesía es la formación y el aumento del capital
ブルジョア階級の存在と支配の本質的条件は、資本の形
成と増大である
La condición del capital es el trabajo asalariado
資本の条件は賃労働である
El trabajo asalariado se basa exclusivamente en la
competencia entre los trabajadores
賃労働はもっぱら労働者間の競争に依拠している
El avance de la industria, cuyo promotor involuntario es la
burguesía, sustituye al aislamiento de los obreros
ブルジョアジーを非自発的に推進する産業の進歩は、労
働者の孤立に取って代わる
por la competencia, por su combinación revolucionaria, por
la asociación
競争のせいで、彼らの革命的な組み合わせのせいで、連
想のせいで
El desarrollo de la industria moderna corta bajo sus pies los
cimientos mismos sobre los cuales la burguesía produce y se
apropia de los productos
近代産業の発展は、ブルジョアジーが生産物を生産し、
充当する基盤そのものを、その足元から切り捨てる
Lo que la burguesía produce, sobre todo, son sus propios
sepultureros

ブルジョアジーが生み出すのは、何よりもまず、ブルジョアジー自身の墓掘り人である

La caída de la burguesía y la victoria del proletariado son igualmente inevitables

ブルジョアジーの没落もプロレタリアートの勝利も、等しく必然である

Proletarios y comunistas
プロレタリアと共産主義者

¿Qué relación tienen los comunistas con el conjunto de los proletarios?

共産主義者はプロレタリア階級全体に対してどのような関係にあるのか。

Los comunistas no forman un partido separado opuesto a otros partidos de la clase obrera

共産党は、他の労働者階級の政党に対抗する独立した政党を結成していない

No tienen intereses separados y aparte de los del proletariado en su conjunto

かれらは、プロレタリアート全体の利害から分離し、分離した利害をもたない

No establecen ningún principio sectario propio, con el cual dar forma y moldear el movimiento proletario

かれらは、プロレタリア運動を形作り、形成するための、彼ら自身のいかなるセクト主義的原則も打ち立てない

Los comunistas se distinguen de los demás partidos obreros sólo por dos cosas

共産党が他の労働者階級の政党と区別されるのは、たった二つの点である

En primer lugar, señalan y ponen en primer plano los intereses comunes de todo el proletariado, independientemente de toda nacionalidad

第一に、彼らは、すべての民族とは無関係に、プロレタリアート全体の共通の利益を指摘し、前面に出す

Esto lo hacen en las luchas nacionales de los proletarios de los diferentes países

かれらは、かれらが、かれらのかれらの民族闘争において、かれらをなすのである

En segundo lugar, siempre y en todas partes representan los intereses del movimiento en su conjunto

第二に、彼らはいつでもどこでも運動全体の利益を代表しています

esto lo hacen en las diversas etapas de desarrollo por las que tiene que pasar la lucha de la clase obrera contra la burguesía

これは、労働者階級のブルジョアジーに対する闘争が通過しなければならない発展のさまざまな段階において行われる

Los comunistas son, por lo tanto, por una parte, prácticamente, el sector más avanzado y resuelto de los partidos obreros de todos los países

したがって、共産党員は、一方では、事実上、すべての国の労働者階級の政党の中で最も進歩的で断固とした部分である

Son ese sector de la clase obrera que empuja hacia adelante a todos los demás

彼らは労働者階級のその部分であり、他のすべてのものを推し進めている

Teóricamente, también tienen la ventaja de entender claramente la línea de marcha

理論的には、行進のラインを明確に理解できるという利点もあります

Esto lo comprenden mejor comparado con la gran masa del proletariado

このことは、プロレタリアートの大衆に比べれば、よりよく理解できる

Comprenden las condiciones y los resultados generales finales del movimiento proletario

かれらは、プロレタリア運動の諸条件と究極的一般的結果を理解している

El objetivo inmediato del comunista es el mismo que el de todos los demás partidos proletarios

共産党の当面の目標は、他のすべてのプロレタリア政党のそれと同じである

Su objetivo es la formación del proletariado en una clase

彼らの目的は、プロレタリアートを階級に形成すること
である
su objetivo es derrocar la supremacía burguesa
彼らはブルジョアジー至上主義の打倒を目指している
la lucha por la conquista del poder político por el
proletariado
プロレタリアートによる政治権力の征服の努力
Las conclusiones teóricas de los comunistas no se basan en
modo alguno en ideas o principios de reformadores
共産主義者の理論的結論は、決して改革者の思想や原則
に基づいていない
no fueron los aspirantes a reformadores universales los que
inventaron o descubrieron las conclusiones teóricas de los
comunistas
共産主義者の理論的結論を発明したり発見したりしたの
は、普遍的な改革者ではなかった
Se limitan a expresar, en términos generales, las relaciones
reales que surgen de una lucha de clases existente
それらは、一般的な言葉で、既存の階級闘争から生じる
実際の関係を表現しているにすぎない
Y describen el movimiento histórico que está ocurriendo
ante nuestros propios ojos y que ha creado esta lucha de
clases
そして彼らは、この階級闘争を生み出した、まさに私た
ちの目の前で起こっている歴史的な運動を描写していま
す
La abolición de las relaciones de propiedad existentes no es
en absoluto un rasgo distintivo del comunismo
既存の所有関係の廃止は、共産主義の特徴ではない
Todas las relaciones de propiedad en el pasado han estado
continuamente sujetas a cambios históricos
過去のすべての財産関係は、常に歴史的変化の影響を受
けてきました
y estos cambios fueron consecuencia del cambio en las
condiciones históricas

そして、これらの変化は、歴史的条件の変化の結果であった

La Revolución Francesa, por ejemplo, abolió la propiedad feudal en favor de la propiedad burguesa

たとえば、フランス革命は、ブルジョアジーの財産を支持して封建的財産を廃止しました

El rasgo distintivo del comunismo no es la abolición de la propiedad, en general

共産主義の際立った特徴は、一般的に財産の廃止ではありません

pero el rasgo distintivo del comunismo es la abolición de la propiedad burguesa

しかし、共産主義の際立った特徴は、ブルジョアジーの財産の廃止である

Pero la propiedad privada de la burguesía moderna es la expresión última y más completa del sistema de producción y apropiación de productos

しかし、近代ブルジョアジーの私有財産は、生産物を生産し、流用するシステムの最終的かつ最も完全な表現である

Es el estado final de un sistema que se basa en los antagonismos de clase, donde el antagonismo de clase es la explotación de la mayoría por unos pocos

それは、階級対立に基づくシステムの最終状態であり、階級対立は少数者による多数者の搾取である

En este sentido, la teoría de los comunistas puede resumirse en una sola frase; la abolición de la propiedad privada

この意味で、共産主義者の理論は一文に要約されるかもしれません。私有財産の廃止

A los comunistas se nos ha reprochado el deseo de abolir el derecho de adquirir personalmente la propiedad

われわれ共産党員は、個人的財産取得権を廃止したいという願望をもって非難されてきた

Se afirma que esta propiedad es el fruto del propio trabajo de un hombre

この財産は、人間自身の労働の成果であると主張されています

y se alega que esta propiedad es la base de toda libertad, actividad e independencia personal.

そして、この財産は、すべての個人の自由、活動、独立の基礎であると主張されています。

"¡Propiedad ganada con esfuerzo, adquirida por uno mismo, ganada por uno mismo!"

「苦労して手に入れた、自分で手に入れた、自分で稼いだ財産!」

¿Te refieres a la propiedad del pequeño artesano y del pequeño campesino?

小商人や小農民の所有物のことですか?

¿Te refieres a una forma de propiedad que precedió a la forma burguesa?

ブルジョアジーの形態に先行する財産の形態のことを言っているのですか?

No hay necesidad de abolir eso, el desarrollo de la industria ya lo ha destruido en gran medida

それを廃止する必要はなく、産業の発展はすでにかなりの程度それを破壊しています

y el desarrollo de la industria sigue destruyéndola diariamente

そして、産業の発展は今もなお日々それを破壊しています

¿O te refieres a la propiedad privada de la burguesía moderna?

それとも、現代のブルジョアジーの私有財産のことですか?

Pero, ¿crea el trabajo asalariado alguna propiedad para el trabajador?

しかし、賃労働は労働者のために何らかの財産を創造するだろうか。

¡No, el trabajo asalariado no crea ni una pizca de este tipo de propiedad!

いや、賃労働はこの種の財産を少しも生み出さない！

Lo que sí crea el trabajo asalariado es capital; ese tipo de propiedad que explota el trabajo asalariado

賃労働が生み出すのは資本である。賃労働を搾取する財産

El capital no puede aumentar sino a condición de engendrar una nueva oferta de trabajo asalariado para una nueva explotación

資本は、新たな搾取のための賃労働の新たな供給を生むという条件によらなければ、増加しない

La propiedad, en su forma actual, se basa en el antagonismo entre el capital y el trabajo asalariado

現在の形態の財産は、資本と賃労働の対立に基づいている

Examinemos los dos lados de este antagonismo

この拮抗の両面を調べてみましょう

Ser capitalista es tener no sólo un estatus puramente personal

資本家であるということは、純粋に個人的な地位を持つことだけではない

En cambio, ser capitalista es también tener un estatus social en la producción

そうではなく、資本家であることは、生産において社会的地位を持つことでもある

porque el capital es un producto colectivo; Sólo mediante la acción unida de muchos miembros puede ponerse en marcha

なぜなら、資本は集合的な生産物だからです。多くのメンバーの団結した行動によってのみ、それは動き出すことができます

Pero esta acción unida es el último recurso, y en realidad requiere de todos los miembros de la sociedad

しかし、この団結した行動は最後の手段であり、実際にはすべての社会の構成員が必要です

El capital se convierte en propiedad de todos los miembros de la sociedad

資本は社会のすべての構成員の所有物に転換される

pero el Capital no es, por lo tanto, un poder personal; Es un poder social

しかし、それゆえ、資本は人格的な力ではない。それは社会的な力です

Así, cuando el capital se convierte en propiedad social, la propiedad personal no se transforma en propiedad social

したがって、資本が社会的所有に転化されるとき、個人所有はそれによって社会的所有に転化されない

Lo único que cambia es el carácter social de la propiedad y pierde su carácter de clase

変更されるのは財産の社会的性格だけであり、その階級的性格を失う

Veamos ahora el trabajo asalariado

次に、賃労働について見てみましょう

El precio medio del trabajo asalariado es el salario mínimo, es decir, la cantidad de medios de subsistencia

賃労働の平均価格は最低賃金、すなわち生存手段の数量である

Este salario es absolutamente necesario en la mera existencia de un obrero

この賃金は、労働者としての最低限の存在において絶対的に必要である

Por lo tanto, lo que el asalariado se apropia por medio de su trabajo, sólo basta para prolongar y reproducir una existencia desnuda

それゆえ、賃労働者が自分の労働によって充当するものは、裸の存在を延ばし、再生産するだけで十分である

De ninguna manera pretendemos abolir esta apropiación personal de los productos del trabajo

われわれは、この労働生産物の個人的収用を廃止するつもりは決してない

una apropiación que se hace para el mantenimiento y la reproducción de la vida humana

人間の生命の維持と再生産のためになされる充当

Tal apropiación personal de los productos del trabajo no deja ningún excedente con el que ordenar el trabajo de otros

労働生産物のそのような個人的充当は、他人の労働を命じる余剰を残さない

Lo único que queremos eliminar es el carácter miserable de esta apropiación

私たちが取り除きたいのは、この流用の惨めな性格だけです

la apropiación bajo la cual vive el obrero sólo para aumentar el capital

労働者が単に資本を増やすためだけに生活する歳出

Sólo se le permite vivir en la medida en que lo exija el interés de la clase dominante

彼は、支配階級の利益がそれを必要とする限りにおいてのみ、生きることを許されている

En la sociedad burguesa, el trabajo vivo no es más que un medio para aumentar el trabajo acumulado

ブルジョアジー社会では、生活労働は蓄積された労働を増やす手段にすぎない

En la sociedad comunista, el trabajo acumulado no es más que un medio para ampliar, para enriquecer y para promover la existencia del obrero

共産主義社会では、蓄積された労働は、労働者の存在を拡大し、富ませ、促進するための手段にすぎない

En la sociedad burguesa, por lo tanto, el pasado domina al presente

したがって、ブルジョアジー社会では、過去が現在を支配している

en la sociedad comunista el presente domina al pasado

共産主義社会では、現在が過去を支配する

En la sociedad burguesa el capital es independiente y tiene individualidad

ブルジョアジー社会では、資本は独立しており、個性がある

En la sociedad burguesa la persona viva es dependiente y no tiene individualidad

ブルジョアジー社会では、生きている人間は依存的であり、個性を持たない

¡Y la abolición de este estado de cosas es llamada por la burguesía, abolición de la individualidad y de la libertad!

そして、この状態の廃止は、ブルジョアジーによって、個性と自由の廃止と呼ばれています。

¡Y con razón se llama la abolición de la individualidad y de la libertad!

そして、それはまさに個性と自由の廃止と呼ばれています。

El comunismo aspira a la abolición de la individualidad burguesa

共産主義はブルジョアジーの個性の廃絶をめざす

El comunismo pretende la abolición de la independencia burguesa

共産主義はブルジョアジーの独立の廃止を意図している

La libertad burguesa es, sin duda, a lo que aspira el comunismo

ブルジョアジーの自由は、疑いなく共産主義が目指しているものである

en las actuales condiciones de producción de la burguesía, la libertad significa libre comercio, libre venta y compra

現在のブルジョアジーの生産条件のもとでは、自由とは自由貿易、自由な売買を意味する

Pero si desaparece la venta y la compra, también desaparece la libre venta y la compra

しかし、売り買いがなくなると、自由な売りと買いもなくなります

Las "palabras valientes" de la burguesía sobre la libre venta y compra sólo tienen sentido en un sentido limitado

ブルジョアジーによる自由な売買に関する「勇敢な言葉」は、限られた意味でしか意味を持たない

Estas palabras tienen significado solo en contraste con la venta y la compra restringidas

これらの言葉は、制限された売りと買いとは対照的にのみ意味を持ちます

y estas palabras sólo tienen sentido cuando se aplican a los comerciantes encadenados de la Edad Media

そして、これらの言葉は、中世の束縛された商人に当てはめられたときにのみ意味を持つ

y eso supone que estas palabras incluso tienen un significado en un sentido burgués

そしてそれは、これらの言葉がブルジョアジー的な意味においてさえ意味を持つことを前提としている

pero estas palabras no tienen ningún significado cuando se usan para oponerse a la abolición comunista de la compra y venta

しかし、これらの言葉は、共産主義による売買の廃止に反対するために使われているときは、何の意味もありません

las palabras no tienen sentido cuando se usan para oponerse a la abolición de las condiciones de producción de la burguesía

この言葉は、ブルジョアジーの生産条件が廃止されることに反対するために使われているときには、何の意味も持たない

y no tienen ningún sentido cuando se utilizan para oponerse a la abolición de la propia burguesía

そして、ブルジョアジーそのものが廃止されることに反対するために利用されているとき、それらは何の意味も持たない

Ustedes están horrorizados de nuestra intención de acabar con la propiedad privada

あなた方は、私有財産を廃止しようとする私たちの意図にぞっとしています

Pero en la sociedad actual, la propiedad privada ya ha sido eliminada para las nueve décimas partes de la población

しかし、あなた方の既存の社会では、人口の9割の私有財産はすでに廃止されています

La existencia de la propiedad privada para unos pocos se debe únicamente a su inexistencia en manos de las nueve décimas partes de la población

少数の者のための私有財産の存在は、ひとえに人口の10分の9の手中に私有財産が存在しないことによるものである

Por lo tanto, nos reprochas que pretendamos acabar con una forma de propiedad

それゆえ、あなたは、財産の形態を廃止しようとしていると、私たちを非難します

Pero la propiedad privada requiere la inexistencia de propiedad alguna para la inmensa mayoría de la sociedad

しかし、私有財産は、社会の圧倒的多数にとって、いかなる財産も存在しないことを要求する

En una palabra, nos reprochas que pretendamos acabar con tu propiedad

一言で言えば、あなたはあなたの財産を廃止するつもりで私たちを非難します

Y es precisamente así; prescindir de su propiedad es justo lo que pretendemos

そして、それはまさにその通りです。あなたの財産を廃止することは、まさに私たちが意図していることです

Desde el momento en que el trabajo ya no puede convertirse en capital, dinero o renta

労働が資本、貨幣、地代に転換できなくなった瞬間から

cuando el trabajo ya no puede convertirse en un poder social capaz de ser monopolizado

労働がもはや独占可能な社会的権力に転換できなくなったとき

desde el momento en que la propiedad individual ya no puede transformarse en propiedad burguesa

個々の所有物がもはやブルジョアジーの所有物に転化できない瞬間から

desde el momento en que la propiedad individual ya no puede transformarse en capital

個々の財産がもはや資本に転換できない瞬間から

A partir de ese momento, dices que la individualidad se desvanece

その瞬間から、個性が消えると言うのです

Debéis confesar, pues, que por "individuo" no os referimos a otra persona que a la burguesía

それゆえ、諸君は、「個人」とは、ブルジョアジー以外のいかなる者も意味しないことを告白しなければならない

Debes confesar que se refiere específicamente al propietario de una propiedad de clase media

それはとりわけ特性の中流階級の所有者を示すことを告白しなければならない

Esta persona debe, en verdad, ser barrida del camino, y hecha imposible

この人は、実に、道から一掃され、不可能にされなければなりません

El comunismo no priva a ningún hombre del poder de apropiarse de los productos de la sociedad

共産主義は、社会の生産物を充当する力を誰からも奪わない

todo lo que hace el comunismo es privarlo del poder de subyugar el trabajo de otros por medio de tal apropiación

共産主義が行うことは、そのような横領によって他者の労働を征服する力を彼から奪うことだけである

Se ha objetado que, tras la abolición de la propiedad privada, cesará todo trabajo

私有財産が廃止されれば、すべての仕事がなくなると反対されている

y entonces se sugiere que la pereza universal se apoderará de nosotros

そして、普遍的な怠惰が私たちを追い越すことが示唆されています

De acuerdo con esto, la sociedad burguesa debería haber ido hace mucho tiempo a los perros por pura ociosidad

これによれば、ブルジョアジー社会はとうの昔に、まったくの怠惰によって犬のところに行ってしまったはずである

porque los de sus miembros que trabajan, no adquieren nada

なぜなら、働いているそのメンバーのものは何も得られないからです

y los de sus miembros que adquieren algo, no trabajan

そして、そのメンバーのものは、何かを取得し、動作しません

Toda esta objeción no es más que otra expresión de la tautología

この反論の全体は、トートロジーのもう一つの表現にすぎない

Ya no puede haber trabajo asalariado cuando ya no hay capital

もはやいかなる資本も存在しないとき、いかなる賃労働も存在し得ない

No hay diferencia entre los productos materiales y los productos mentales

物質的生産物と精神的生産物の間に違いはありません

El comunismo propone que ambos se producen de la misma manera

共産主義は、これらの両方が同じ方法で生産されることを提案しています

pero las objeciones contra los modos comunistas de producirlos son las mismas

しかし、これらを生産する共産主義的様式に対する異議は同じである

para la burguesía, la desaparición de la propiedad de clase es la desaparición de la producción misma

ブルジョアジーにとって、階級的所有の消滅は、生産そのものの消滅である

De modo que la desaparición de la cultura de clase es para él idéntica a la desaparición de toda cultura

したがって、階級文化の消滅は、彼にとってすべての文化の消滅と同じである

Esa cultura, cuya pérdida lamenta, es para la inmensa mayoría un mero entrenamiento para actuar como una máquina

彼が嘆くその文化は、大多数の人々にとって、機械として振る舞うための単なる訓練に過ぎない

Los comunistas tienen la firme intención de abolir la cultura de la propiedad burguesa

共産主義者は、ブルジョアジーの財産文化を廃止する意図が強い

Pero no discutan con nosotros mientras apliquen el estándar de sus nociones burguesas de libertad, cultura, ley, etc

しかし、自由、文化、法律などに関するブルジョアジーの観念の基準を適用する限り、私たちと論争しないでください

Vuestras mismas ideas no son más que el resultado de las condiciones de la producción burguesa y de la propiedad burguesa

諸君の観念そのものが、諸君のブルジョアジー生産とブルジョアジー諸財産の諸条件の産物にすぎない

del mismo modo que vuestra jurisprudencia no es más que la voluntad de vuestra clase convertida en ley para todos

ちょうど、あなたがたの法学が、万人のための法律にされた、あなたの階級の意志にすぎないように

El carácter esencial y la dirección de esta voluntad están determinados por las condiciones económicas que crea su clase social

この意志の本質的な性格と方向性は、あなたの社会階級が作り出す経済的条件によって決定されます

El concepto erróneo egoísta que te induce a transformar las formas sociales en leyes eternas de la naturaleza y de la razón

社会形態を自然と理性の永遠の法則に変えるようにあなたを誘導する利己的な誤解

las formas sociales que brotan de vuestro actual modo de producción y de vuestra forma de propiedad
あなたの現在の生産様式と財産形態から生じる社会的形態

relaciones históricas que surgen y desaparecen en el progreso de la producción
生産の進行の中で浮き沈みする歴史的関係

Este concepto erróneo lo compartes con todas las clases dominantes que te han precedido
この誤解は、あなた方に先立つすべての支配階級と共有しています

Lo que se ve claramente en el caso de la propiedad antigua, lo que se admite en el caso de la propiedad feudal
古代の財産の場合にはっきりと見えるもの、封建的財産の場合に認めているもの

estas cosas, por supuesto, le está prohibido admitir en el caso de su propia forma burguesa de propiedad
これらの事柄は、もちろん、あなた自身のブルジョアジー的形態の所有の場合には、認めることを禁じられている

¡Abolición de la familia! Hasta los más radicales estallan ante esta infame propuesta de los comunistas
家族廃止！最も過激な人々でさえ、共産主義者のこの悪名高い提案に燃え上がった

¿Sobre qué base se asienta la familia actual, la familia Bourgeoisie?
現在の家族、ブルジョアジー家は、どのような基盤の上に成り立っているのだろうか。

La base de la familia actual se basa en el capital y la ganancia privada
現在の家族の基盤は、資本と私的利益に基づいています

En su forma completamente desarrollada, esta familia sólo existe entre la burguesía
完全に発達した形態では、この家族はブルジョアジーの中にのみ存在します

Este estado de cosas encuentra su complemento en la ausencia práctica de la familia entre los proletarios

この状態は、プロレタリア階級のあいだに家族が事実上不在であることに、その補完を見いだす

Este estado de cosas se puede encontrar en la prostitución pública

このような状況は、公営売春にも見られます

La familia Bourgeoisie se desvanecerá como algo natural cuando su complemento se desvanezca

ブルジョアジー一家は、その補完物が消滅すれば、当然のように消滅する

y ambos se desvanecerán con la desaparición del capital

そして、この二つは、資本の消滅とともに消滅するであろう

¿Nos acusan de querer detener la explotación de los niños por parte de sus padres?

親による子どもの搾取を止めたいと願っている私たちを責めますか?

De este crimen nos declaramos culpables

この犯罪に対して、私たちは有罪を認めます

Pero, dirás, destruimos la más sagrada de las relaciones, cuando reemplazamos la educación en el hogar por la educación social

しかし、家庭教育を社会教育に置き換えると、最も神聖な関係が破壊される、とあなたは言うでしょう

¿No es también social su educación? ¿Y no está determinado por las condiciones sociales en las que se educa?

あなたがたの教育もまた社会的ではないのか。そして、それはあなたがたが教育する社会的条件によって決定されるのではないのか。

por la intervención, directa o indirecta, de la sociedad, por medio de las escuelas, etc.

直接的または間接的な社会の介入、学校などによる介入によって。

Los comunistas no han inventado la intervención de la sociedad en la educación

共産主義者は、教育への社会の介入を発明したのではない

lo único que pretenden es alterar el carácter de esa intervención

彼らは、その介入の性格を変えようとしているに過ぎない

y buscan rescatar la educación de la influencia de la clase dominante

そして、彼らは支配階級の影響から教育を救おうとしています

La burguesía habla de la sagrada correlación entre padres e hijos

親と子の神聖な共関係についてのブルジョアジーの話

pero esta trampa sobre la familia y la educación se vuelve aún más repugnante cuando miramos a la industria moderna

しかし、家族と教育に関するこの拍手屏風は、現代の産業を見ると、いっそう嫌なものになります

Todos los lazos familiares entre los proletarios son desgarrados por la industria moderna

プロレタリア階級の家族の絆は、近代産業によって引き裂かれている

Sus hijos se transforman en simples artículos de comercio e instrumentos de trabajo

彼らの子供たちは、単純な商売道具や労働道具に変えられる

Pero vosotros, los comunistas, creáis una comunidad de mujeres, grita a coro toda la burguesía

しかし、あなた方共産主義者は、女性の共同体をつくりだすだろう、とブルジョアジー全体が大合唱して叫ぶ

La burguesía ve en su mujer un mero instrumento de producción

ブルジョアジーは、妻を単なる生産道具とみなしている

Oye que los instrumentos de producción deben ser explotados por todos

彼は、生産の道具はすべての人によって搾取されるべきであると聞いています

Y, naturalmente, no puede llegar a otra conclusión que la de que la suerte de ser común a todos recaerá igualmente en las mujeres

そして、当然のことながら、彼は、すべての人に共通する多くの存在が同様に女性に落ちるという結論にしか至り得ません

Ni siquiera sospecha que el verdadero objetivo es acabar con la condición de la mujer como meros instrumentos de producción

彼は、本当の意味は、単なる生産道具としての女性の地位をなくすことにあるという疑念さえ持っていない

Por lo demás, nada es más ridículo que la virtuosa indignación de nuestra burguesía contra la comunidad de mujeres

残りの人々にとって、女性の共同体に対するわがブルジョアジーの高潔な憤慨ほどばかげたものはない

pretenden que sea abierta y oficialmente establecida por los comunistas

彼らは、それが共産主義者によって公然と公式に確立されるふりをしている

Los comunistas no tienen necesidad de introducir la comunidad de mujeres, ha existido casi desde tiempos inmemoriales

共産主義者は女性のコミュニティを導入する必要はなく、それはほとんど太古の昔から存在していました

Nuestra burguesía no se contenta con tener a su disposición a las mujeres e hijas de sus proletarios

わがブルジョアジーは、プロレタリアの妻や娘を自由に使えることに満足していない

Tienen el mayor placer en seducir a las esposas de los demás

彼らはお互いの妻を誘惑することに最大の喜びを感じます

Y eso sin hablar de las prostitutas comunes

そして、それは一般的な売春婦について話すことではありません

El matrimonio burgués es en realidad un sistema de esposas en común

ブルジョアジーの結婚は、現実には共通の妻の制度である

entonces hay una cosa que se podría reprochar a los comunistas

そして、共産主義者が非難されるかもしれないことが一つある

Desean introducir una comunidad de mujeres abiertamente legalizada

彼らは、公然と合法化された女性のコミュニティを導入することを望んでいます

en lugar de una comunidad de mujeres hipócritamente oculta

偽善的に隠された女性のコミュニティではなく

la comunidad de mujeres que surgen del sistema de producción

生産システムから生まれた女性の共同体

abolid el sistema de producción y abolid la comunidad de mujeres

生産制度を廃止し、女性の共同体を廃止せよ

Se suprime la prostitución pública y la prostitución privada

公営売春も私娼も廃止

A los comunistas se les reprocha, además, que desean abolir los países y las nacionalidades

共産主義者は、国家と民族を廃止したいと願うことで、さらに非難される

Los trabajadores no tienen patria, así que no podemos quitarles lo que no tienen

労働者には国がないので、彼らが持っていないものを彼らから奪うことはできません

El proletariado debe, ante todo, adquirir la supremacía política

プロレタリアートは、まず第一に政治的優越性を獲得し
なければならない

El proletariado debe elevarse para ser la clase dirigente de la
nación

プロレタリアートは、国家の指導的階級にならなければ
ならない

El proletariado debe constituirse en la nación

プロレタリアートは、それ自身を国家として構成しなけ
ればならない

es, hasta ahora, nacional, aunque no en el sentido burgués
de la palabra

それは、これまでのところ、それ自体が国民的であるが
、ブルジョアジー的な意味でのものではない

Las diferencias nacionales y los antagonismos entre los
pueblos desaparecen cada día más

民族間の国家間の相違と敵対関係は、日々ますます消滅
しています

debido al desarrollo de la burguesía, a la libertad de
comercio, al mercado mundial

ブルジョアジーの発展、商業の自由、世界市場の発展の
ために

a la uniformidad en el modo de producción y en las
condiciones de vida correspondientes

生産様式とそれに対応する生活条件の均一性

La supremacía del proletariado hará que desaparezcan aún
más rápidamente

プロレタリアートの優越性は、彼らをいっそう早く消滅
させるだろう

La acción unida, al menos de los principales países
civilizados, es una de las primeras condiciones para la
emancipación del proletariado

少なくとも主要な文明国の団結した行動は、プロレタリ
アート解放の第一条件の一つである

En la medida en que se ponga fin a la explotación de un
individuo por otro, también se pondrá fin a la explotación de
una nación por otra.

ある個人が別の個人によって搾取されることに比例して
、ある国が別の国によって搾取されることも、

A medida que desaparezca el antagonismo entre las clases
dentro de la nación, la hostilidad de una nación hacia otra
llegará a su fin

国内の階級間の対立が消えるのに比例して、ある民族か
ら別の民族への敵意は終わりを告げるであろう

Las acusaciones contra el comunismo hechas desde un punto
de vista religioso, filosófico y, en general, ideológico, no
merecen un examen serio

宗教的、哲学的、そして一般的にはイデオロギー的見地
からなされた共産主義に対する非難は、真剣に検討する
に値しない

¿Se requiere una intuición profunda para comprender que
las ideas, puntos de vista y concepciones del hombre
cambian con cada cambio en las condiciones de su existencia
material?

人間の考え、見解、概念が、物質的存在の状態が変化す
るたびに変化するということを理解するには、深い直観
が必要ですか？

¿No es obvio que la conciencia del hombre cambia cuando
cambian sus relaciones sociales y su vida social?

人間の社会関係や社会生活が変われば、人間の意識も変
わるのは明らかではないでしょうか。

¿Qué otra cosa prueba la historia de las ideas sino que la
producción intelectual cambia de carácter a medida que
cambia la producción material?

思想史が証明しているのは、知的生産が物質的生産が変
化すれば、それに比例してその性格も変化するというこ
とである。

Las ideas dominantes de cada época han sido siempre las
ideas de su clase dominante

各時代の支配思想は、つねに支配階級の思想であった

Cuando se habla de ideas que revolucionan la sociedad, no
hace más que expresar un hecho

人々が社会に革命を起こすアイデアについて語るとき、
彼らは一つの事実を表現しているに過ぎない

Dentro de la vieja sociedad, se han creado los elementos de
una nueva

古い社会の中で、新しい社会の要素が創造されました

y que la disolución de las viejas ideas sigue el mismo ritmo
que la disolución de las viejas condiciones de existencia

そして、古い考えの解体は、古い存在条件の解消と歩調
を合わせている

Cuando el mundo antiguo estaba en sus últimos estertores,
las religiones antiguas fueron vencidas por el cristianismo

古代世界が最後の苦しみにあったとき、古代の宗教はキ
リスト教に打ち負かされました

Cuando las ideas cristianas sucumbieron en el siglo XVIII a
las ideas racionalistas, la sociedad feudal libró su batalla a
muerte contra la burguesía revolucionaria de entonces

18世紀にキリスト教の思想が合理主義の思想に屈したと
き、封建社会は当時の革命的ブルジョアジーと死闘を繰
り広げた

Las ideas de la libertad religiosa y de la libertad de
conciencia no hacían más que expresar el dominio de la libre
competencia en el dominio del conocimiento

信教の自由と良心の自由という考えは、知識の領域にお
ける自由競争の影響力を表現したに過ぎない

"Indudablemente", se dirá, "las ideas religiosas, morales,
filosóficas y jurídicas se han modificado en el curso del
desarrollo histórico"

「疑いなく」と言われるだろう、「宗教的、道徳的、哲
学的、法的な考えは、歴史的発展の過程で修正されてき
た」

"Pero la religión, la filosofía de la moral, la ciencia política y
el derecho, sobrevivieron constantemente a este cambio"

「しかし、宗教、道徳哲学、政治学、法学は、常にこの
変化を生き延びてきた」

"También hay verdades eternas, como la Libertad, la Justicia,
etc."

「自由、正義などの永遠の真理もあります」

"Estas verdades eternas son comunes a todos los estados de la sociedad"

「これらの永遠の真理は、社会のすべての状態に共通しています」

"Pero el comunismo suprime las verdades eternas, suprime toda religión y toda moral"

「しかし、共産主義は永遠の真理を廃止し、すべての宗教とすべての道徳を廃止する」

"Lo hace en lugar de constituirlos sobre una nueva base"

「新しい基準でそれらを構成する代わりに、これを行う」

"Por lo tanto, actúa en contradicción con toda la experiencia histórica pasada"

「それゆえ、それは過去のすべての歴史的経験と矛盾して行動する」

¿A qué se reduce esta acusación?

この非難は何に還元されるのでしょうか?

La historia de toda la sociedad pasada ha consistido en el desarrollo de antagonismos de clase

過去のすべての社会の歴史は、階級対立の発展から成り立ってきた

antagonismos que asumieron diferentes formas en diferentes épocas

異なる時代に異なる形態をとった拮抗

Pero cualquiera que sea la forma que hayan tomado, un hecho es común a todas las épocas pasadas

しかし、彼らがどのような形をとったにせよ、過去のすべての時代に共通する事実が1つあります

la explotación de una parte de la sociedad por la otra

社会のある部分が他の部分を搾取すること

No es de extrañar, pues, que la conciencia social de épocas pasadas se mueva dentro de ciertas formas comunes o ideas generales

それゆえ、過去の時代の社会意識が、ある種の共通の形態、あるいは一般的な観念の中で動いているのも不思議ではない

(y eso a pesar de toda la multiplicidad y variedad que muestra)

（そしてそれは、それが表示するすべての多様性と多様性にもかかわらずです）

y éstos no pueden desaparecer por completo sino con la desaparición total de los antagonismos de clase

そして、これらは、階級的対立の完全な消滅なしには、完全に消滅することはできない

La revolución comunista es la ruptura más radical con las relaciones tradicionales de propiedad

共産主義革命は、伝統的な財産関係の最も根本的な断絶である

No es de extrañar que su desarrollo implique la ruptura más radical con las ideas tradicionales

その発展が伝統的な考えとの最も根本的な断絶を伴うのも不思議ではありません

Pero dejemos de lado las objeciones de la burguesía al comunismo

しかし、共産主義に対するブルジョアジーの異議申し立てはこれで終わりにしよう

Hemos visto más arriba el primer paso de la revolución de la clase obrera

われわれは以上、労働者階級による革命の第一段階を見た

Hay que elevar al proletariado a la posición de gobernante, para ganar la batalla de la democracia

プロレタリアートは、民主主義の戦いに勝つために、支配的な地位に引き上げられなければならない

El proletariado utilizará su supremacía política para arrebatar, poco a poco, todo el capital a la burguesía

プロレタリアートは、その政治的優越性を利用して、ブルジョアジーからすべての資本を少しずつ奪い取るであろう

centralizará todos los instrumentos de producción en manos del Estado

それは、すべての生産手段を国家の手に集中させるであろう

En otras palabras, el proletariado organizado como clase dominante

言い換えれば、プロレタリアートは支配階級として組織された

y aumentará el total de las fuerzas productivas lo más rápidamente posible

そして、生産力の総量を可能な限り急速に増やすであろう

Por supuesto, al principio, esto no puede llevarse a cabo sino por medio de incursiones despóticas en los derechos de propiedad

もちろん、初めのうちは、これは専制的な財産権の侵害によってのみ実現することはできない

y tiene que lograrse en las condiciones de la producción burguesa

そして、それはブルジョアジー生産の条件で達成されなければならない

Por lo tanto, se logra mediante medidas que parecen económicamente insuficientes e insostenibles

したがって、それは経済的に不十分で維持できないように見える手段によって達成されます

pero estos medios, en el curso del movimiento, se superan a sí mismos

しかし、これらの手段は、運動の過程で、それ自体を凌駕します

Requieren nuevas incursiones en el viejo orden social

それらは、古い社会秩序にさらに侵入することを必要とする

y son ineludibles como medio de revolucionar por completo el modo de producción

そして、それらは生産様式を全面的に革命する手段として避けられない

Por supuesto, estas medidas serán diferentes en los distintos países

もちろん、これらの措置は国によって異なります

Sin embargo, en los países más avanzados, lo siguiente será de aplicación bastante general

それにもかかわらず、最も先進国では、以下がかなり一般的に適用されます

1. Abolición de la propiedad de la tierra y aplicación de todas las rentas de la tierra a fines públicos.

1．土地の財産を廃止し、すべての土地の賃貸料を公共目的に充てること。

2. Un fuerte impuesto progresivo o gradual sobre la renta.

2．重い累進所得税または累進所得税。

3. Abolición de todo derecho de herencia.

3．相続権の廃止

4. Confiscación de los bienes de todos los emigrantes y rebeldes.

4．すべての移民と反逆者の財産の没収。

5. Centralización del crédito en manos del Estado, por medio de un banco nacional de capital estatal y monopolio exclusivo.

5．国家資本と独占的独占を有する国立銀行による国家の手中への信用の集中化。

6. Centralización de los medios de comunicación y transporte en manos del Estado.

6．通信手段と輸送手段を国家の手に集中化すること。

7. Ampliación de fábricas e instrumentos de producción propiedad del Estado

7．国家所有の工場及び生産手段の拡張

la puesta en cultivo de tierras baldías y el mejoramiento del suelo en general de acuerdo con un plan común.

荒れ地の耕作と、一般的な計画に従った土壌の改良。

8. Igual responsabilidad de todos hacia el trabajo

8. 労働に対するすべての人の平等な責任

Establecimiento de ejércitos industriales, especialmente para la agricultura.

特に農業のための産業軍隊の設立。

9. Combinación de la agricultura con las industrias manufactureras

9. 農業と製造業の融合

Abolición gradual de la distinción entre la ciudad y el campo, por una distribución más equitativa de la población en todo el país.

町と田舎の区別を徐々に廃止し、全国の人口のより公平な分配によって。

10. Educación gratuita para todos los niños en las escuelas públicas.

10. 公立学校のすべての子供のための無料の教育。

Abolición del trabajo infantil en las fábricas en su forma actual

現在の形態の児童工場労働の廃止

Combinación de la educación con la producción industrial

教育と工業生産の融合

Cuando, en el curso del desarrollo, las distinciones de clase han desaparecido

発展の過程で、階級の区別がなくなったとき

y cuando toda la producción se ha concentrado en manos de una vasta asociación de toda la nación

そして、すべての生産が全国民の広大な協会の手に集中したとき

entonces el poder público perderá su carácter político

そうなれば、公権力は政治的性格を失うだろう

El poder político, propiamente dicho, no es más que el poder organizado de una clase para oprimir a otra

政治権力とは、正しくはそう呼ばれているが、ある階級が他の階級を抑圧するための組織化された権力にすぎない

Si el proletariado, en su lucha contra la burguesía, se ve obligado, por la fuerza de las circunstancias, a organizarse como clase

もしプロレタリアートがブルジョアジーとの争いの最中に、状況の力によって階級として組織せざるを得ないならば、

si, por medio de una revolución, se convierte en la clase dominante

もし、革命によって、自らを支配階級にするならば

y, como tal, barre por la fuerza las viejas condiciones de producción

そして、そのようにして、それは力ずくで古い生産条件を一掃します

entonces, junto con estas condiciones, habrá barrido las condiciones para la existencia de los antagonismos de clase y de las clases en general

そうすれば、これらの条件とともに、階級対立と階級一般の存在条件を一掃することになる

y con ello habrá abolido su propia supremacía como clase.

そして、それによって階級としての自己の優越性を廃止するであろう。

En lugar de la vieja sociedad burguesa, con sus clases y sus antagonismos de clase, tendremos una asociación

階級と階級対立をもった古いブルジョアジー社会にかわって、われわれは結社をもつであろう

una asociación en la que el libre desarrollo de cada uno sea la condición para el libre desarrollo de todos

各々の自由な発展が、すべての人の自由な発展の条件である連合

1) Socialismo reaccionario
1）反動的社会主義

a) Socialismo feudal
a）　封建的社会主義

las aristocracias de Francia e Inglaterra tenían una posición
histórica única
フランスとイギリスの貴族階級は、独自の歴史的位置を
占めていました
se convirtió en su vocación escribir panfletos contra la
sociedad burguesa moderna
近代ブルジョアジー社会に反対するパンフレットを書く
ことが彼らの職業となった
En la Revolución Francesa de julio de 1830 y en la agitación
reformista inglesa
1830年7月のフランス革命とイギリスの改革扇動
Estas aristocracias sucumbieron de nuevo ante el odioso
advenedizo
これらの貴族階級は、再び憎むべき成り上がり者に屈し
た
A partir de entonces, una contienda política seria quedó
totalmente fuera de discusión
それ以来、真剣な政治闘争は全く問題外となった
Todo lo que quedaba posible era una batalla literaria, no
una batalla real
残されたのは文学的な戦いだけで、実際の戦いではなか
った
Pero incluso en el dominio de la literatura, los viejos gritos
del período de la restauración se habían vuelto imposibles
しかし、文学の領域においてさえ、王政復古期の古い叫
びは不可能になっていた
Para despertar simpatías, la aristocracia se vio obligada a
perder de vista, aparentemente, sus propios intereses

同情を呼び起こすために、貴族階級は、明らかに、自分たちの利益を見失わざるを得なかった

y se vieron obligados a formular su acusación contra la burguesía en interés de la clase obrera explotada

そして彼らは、搾取された労働者階級の利益のために、ブルジョアジーに対する告発を策定する義務を負った

Así, la aristocracia se vengó cantando sátiras a su nuevo amo

こうして貴族たちは、新しい主人に悪口を歌うことで復讐を果たした

y se vengaron susurrándole al oído siniestras profecías de catástrofe venidera

そして、彼らは彼の耳元で来るべき破局の不吉な予言をささやくことによって復讐を果たした

De esta manera surgió el socialismo feudal: mitad lamentación, mitad sátira

このようにして封建的社会主義が生まれた：半分は嘆き、半分は風刺

Sonaba como medio eco del pasado y proyectaba mitad amenaza del futuro

それは半分は過去の反響のように鳴り響き、半分は未来の脅威を映し出していた

a veces, con su crítica amarga, ingeniosa e incisiva, golpeó a la burguesía hasta la médula

時には、その辛辣で機知に富んだ鋭い批評によって、ブルジョアジーの心を揺さぶった

pero siempre fue ridículo en su efecto, por su total incapacidad para comprender la marcha de la historia moderna

しかし、それは、近代史の行進を理解する完全な無能力によって、その効果において常に滑稽なものであった

La aristocracia, con el fin de atraer al pueblo hacia ellos, agitaba la bolsa de limosnas proletaria delante como una bandera

貴族階級は、民衆を彼らに結集させるために、プロレタリアの施し袋を前に振って旗を掲げた

Pero el pueblo, tan a menudo como se unía a ellos, veía en
sus cuartos traseros los antiguos escudos de armas feudales
しかし、民衆は、しばしば彼らに加わると、彼らの後ろ
に古い封建的な紋章を見た
y desertaron con carcajadas ruidosas e irreverentes
そして、彼らは大声で不遜な笑い声をあげて逃げ出した
Un sector de los legitimistas franceses y de la "Joven
Inglaterra" exhibió este espectáculo
フランスの正統派と「若いイングランド」の一部は、こ
の光景を呈した
los feudales señalaban que su modo de explotación era
diferente al de la burguesía
封建主義者は、彼らの搾取の様式がブルジョアジーのそ
れとは異なることを指摘した
Los feudales olvidan que explotaron en circunstancias y
condiciones muy diferentes
封建主義者は、まったく異なる状況と条件の下で搾取し
たことを忘れています
Y no se dieron cuenta de que tales métodos de explotación
ahora son anticuados
そして、彼らはそのような搾取の方法が今や時代遅れで
あることに気づかなかったのです
demostraron que, bajo su gobierno, el proletariado moderno
nunca existió
彼らは、彼らの支配下では、現代のプロレタリアートは
決して存在しなかったことを示した
pero olvidan que la burguesía moderna es el vástago
necesario de su propia forma de sociedad
しかし、彼らは、現代のブルジョアジーが、彼ら自身の
社会形態の必然的な子孫であることを忘れている
Por lo demás, apenas ocultan el carácter reaccionario de su
crítica
それ以外の部分については、彼らは批判の反動的な性格
をほとんど隠そうとしない
su principal acusación contra la burguesía es la siguiente

ブルジョアジーに対する彼らの主な非難は、次のように
なる

bajo el régimen de la burguesía se está desarrollando una
clase social

ブルジョアジー体制のもとで、社会階級が発展しつつあ
る

Esta clase social está destinada a cortar de raíz el viejo orden
de la sociedad

この社会階級は、社会の古い秩序を根こそぎ切り裂き、
枝分かれさせる運命にある

Lo que reprochan a la burguesía no es tanto que cree un
proletariado

彼らがブルジョアジーを褒め称えるのは、それがプロレ
タリアートを生み出すことではない

lo que reprochan a la burguesía es más bien que crea un
proletariado revolucionario

かれらがブルジョアジーをたたきつけるのは、革命的プ
ロレタリアートをつくりだすということである

En la práctica política, por lo tanto, se unen a todas las
medidas coercitivas contra la clase obrera

それゆえ、政治的実践において、彼らは労働者階級に対
するあらゆる強制的措置に加わるのである

Y en la vida ordinaria, a pesar de sus frases altisonantes, se
inclinan a recoger las manzanas de oro que caen del árbol de
la industria

そして、普段の生活では、高尚なフレーズにもかかわら
ず、産業の木から落ちた金のリンゴを拾うために身をか
がめます

y trocan la verdad, el amor y el honor por el comercio de
lana, azúcar de remolacha y aguardiente de patata

そして、彼らは真実、愛、名誉を羊毛、甜菜糖、ジャガ
イモの蒸留酒の商売と交換する

Así como el párroco ha ido siempre de la mano con el
terrateniente, así también lo ha hecho el socialismo clerical
con el socialismo feudal

牧師が地主と手を携えて歩んできたように、聖職者社会主義と封建的社会主義もそうであった

Nada es más fácil que dar al ascetismo cristiano un tinte socialista

キリスト教の禁欲主義に社会主義的な色合いを与えることほど簡単なことはありません

¿No ha declamado el cristianismo contra la propiedad privada, contra el matrimonio, contra el Estado?

キリスト教は、私有財産、結婚、国家に反対したのではないだろうか。

¿No ha predicado el cristianismo en lugar de estos, la caridad y la pobreza?

キリスト教は、これらの慈善と貧困の代わりに説教したのではないだろうか。

¿Acaso el cristianismo no predica el celibato y la mortificación de la carne, la vida monástica y la Madre Iglesia?

キリスト教は、肉の独身と苦行、修道生活、母なる教会を説いているのではないでしょうか。

El socialismo cristiano no es más que el agua bendita con la que el sacerdote consagra los ardores del corazón del aristócrata

キリスト教社会主義は、聖職者が貴族の心の燃え上がりを聖別するための聖水にすぎない

b) Socialismo pequeñoburgués
b）小ブルジョア社会主義

La aristocracia feudal no fue la única clase arruinada por la
burguesía
ブルジョアジーによって破滅させられた階級は封建貴族
だけではなかった
no fue la única clase cuyas condiciones de existencia
languidecieron y perecieron en la atmósfera de la sociedad
burguesa moderna
近代ブルジョアジー社会の雰囲気の中で生存条件が固ま
り、消滅した階級は、それだけではなかった
Los burgueses medievales y los pequeños propietarios
campesinos fueron los precursores de la burguesía moderna
中世の領主と小農民は、近代ブルジョアジーの先駆者で
あった
En los países poco desarrollados, industrial y
comercialmente, estas dos clases siguen vegetando una al
lado de la otra
工業的にも商業的にもほとんど発展していない国々では
、この2つの階級がいまだに隣り合って植生している
y mientras tanto la burguesía se levanta junto a ellos:
industrial, comercial y políticamente
そしてその間、ブルジョアジーは、産業的にも、商業的
にも、政治的にも、彼らの隣で立ち上がる
En los países donde la civilización moderna se ha
desarrollado plenamente, se ha formado una nueva clase de
pequeña burguesía
近代文明が十分に発達した国々では、新しい階級の小ブ
ルジョアジーが形成された
esta nueva clase social fluctúa entre el proletariado y la
burguesía
この新しい社会階級は、プロレタリアートとブルジョア
ジーの間で揺れ動く
y siempre se renueva como parte complementaria de la
sociedad burguesa

そして、それはブルジョアジー社会の補助的な部分として絶えず更新されつつある

Sin embargo, los miembros individuales de esta clase son constantemente arrojados al proletariado

しかし、この階級の個々の構成員は、絶えずプロレタリアートに投げ落とされている

son absorbidos por el proletariado a través de la acción de la competencia

彼らは競争の作用によってプロレタリアートに吸い上げられる

A medida que la industria moderna se desarrolla, incluso ven acercarse el momento en que desaparecerán por completo como sección independiente de la sociedad moderna

近代産業が発展するにつれて、彼らは現代社会の独立した部分として完全に消滅する瞬間が近づいているとさえ見ています

Serán reemplazados, en las manufacturas, la agricultura y el comercio, por vigilantes, alguaciles y tenderos

彼らは、製造業、農業、商業において、監督者、廷吏、商店員に取って代わられるでしょう

En países como Francia, donde los campesinos constituyen mucho más de la mitad de la población

フランスのような国では、農民が人口の半分以上を占めています

era natural que hubiera escritores que se pusieran del lado del proletariado contra la burguesía

ブルジョアジーに対してプロレタリアートに味方した作家がいるのは当然のことだった

en su crítica al régimen burgués utilizaron el estandarte de la pequeña burguesía campesina

ブルジョアジー体制を批判するにあたって、かれらは農民と小ブルジョアジーの基準を利用した

Y desde el punto de vista de estas clases intermedias, toman el garrote de la clase obrera

そして、これらの中間階級の立場から、彼らは労働者階級のために棍棒を取り上げます

Así surgió el socialismo pequeñoburgués, del que Sismondi era el jefe de esta escuela, no sólo en Francia, sino también en Inglaterra

こうして小ブルジョアジー社会主義が勃発し、シスモンディはフランスだけでなくイギリスでもこの学派の長であった

Esta escuela del socialismo diseccionó con gran agudeza las contradicciones de las condiciones de producción moderna

この社会主義学派は、近代的生産条件の矛盾を非常に鋭く解剖した

Esta escuela puso al descubierto las apologías hipócritas de los economistas

この学派は、経済学者の偽善的な謝罪を暴露した

Esta escuela demostró, incontrovertiblemente, los efectos desastrosos de la maquinaria y de la división del trabajo

この学校は、議論の余地なく、機械と分業の悲惨な影響を証明しました

Probó la concentración del capital y de la tierra en pocas manos

それは、資本と土地が少数の手に集中していることを証明した

demostró cómo la sobreproducción conduce a las crisis de la burguesía

それは、過剰生産がいかにブルジョアジーの危機につながるかを証明した

señalaba la ruina inevitable de la pequeña burguesía y del campesino

それは、小ブルジョアジーと農民の必然的な破滅を指摘した

la miseria del proletariado, la anarquía en la producción, las desigualdades flagrantes en la distribución de la riqueza

プロレタリアートの悲惨さ、生産の無政府状態、富の分配における泣き叫ぶような不平等

Mostró cómo el sistema de producción lidera la guerra
industrial de exterminio entre naciones
それは、生産システムが国家間の絶滅という産業戦争を
どのようにリードしているかを示しました
la disolución de los viejos lazos morales, de las viejas
relaciones familiares, de las viejas nacionalidades
古い道徳的絆、古い家族関係、古い民族の解体
Sin embargo, en sus objetivos positivos, esta forma de
socialismo aspira a lograr una de dos cosas
しかし、この形態の社会主義は、その肯定的な目的にお
いて、次の2つのことのうちの1つを達成することを熱望
している
o bien pretende restaurar los antiguos medios de producción
y de intercambio
それは、古い生産手段と交換手段の復活を目指すかのど
ちらかである
y con los viejos medios de producción restauraría las viejas
relaciones de propiedad y la vieja sociedad
そして、古い生産手段によって、古い所有関係と古い社
会を回復させるだろう
o pretende apretar los medios modernos de producción e
intercambio en el viejo marco de las relaciones de propiedad
あるいは、近代的な生産手段と交換手段を、所有関係の
古い枠組みに押し込めることをめざしている
En cualquier caso, es a la vez reaccionario y utópico
いずれにせよ、それは反動的であり、ユートピア的であ
る
Sus últimas palabras son: gremios corporativos para la
manufactura, relaciones patriarcales en la agricultura
その最後の言葉は、製造のための企業ギルド、農業にお
ける家父長制の関係です
En última instancia, cuando los obstinados hechos históricos
habían dispersado todos los efectos embriagadores del
autoengaño

究極的には、頑固な歴史的事実が自己欺瞞の陶酔効果を
すべて分散させたとき
esta forma de socialismo terminó en un miserable ataque de
lástima
この形態の社会主義は、惨めな哀れみの発作に終わった

c) Socialismo alemán o "verdadero"
c）ドイツ、または「真の」社会主義

La literatura socialista y comunista de Francia se originó
bajo la presión de una burguesía en el poder
フランスの社会主義と共産主義の文学は、権力を握った
ブルジョアジーの圧力の下で生まれた
Y esta literatura era la expresión de la lucha contra este
poder
そして、この文学は、この権力に対する闘争の表現であ
った
se introdujo en Alemania en un momento en que la
burguesía acababa de comenzar su lucha contra el
absolutismo feudal
それは、ブルジョアジーが封建的絶対主義との競争を始
めたばかりの時期にドイツに導入されました
Los filósofos alemanes, los aspirantes a filósofos y los beaux
esprits, se apoderaron con avidez de esta literatura
ドイツの哲学者、哲学者志望者、そして美女のエスプリ
は、この文献を熱心につかみました
pero olvidaron que los escritos emigraron de Francia a
Alemania sin traer consigo las condiciones sociales francesas
しかし、彼らは、この著作がフランスの社会状況をもた
らすことなく、フランスからドイツに移住したことを忘
れていた
En contacto con las condiciones sociales alemanas, esta
literatura francesa perdió toda su significación práctica
inmediata
ドイツの社会状況と接触するうちに、このフランス文学
は直接的な実践的意義を失った
y la literatura comunista de Francia asumió un aspecto
puramente literario en los círculos académicos alemanes
フランスの共産主義文学は、ドイツの学界では純粋に文
学的な側面を帯びていた
Así, las exigencias de la primera Revolución Francesa no
eran más que las exigencias de la "Razón Práctica"

したがって、第一次フランス革命の要求は「実践理性」の要求にすぎなかった

y la expresión de la voluntad de la burguesía revolucionaria francesa significaba a sus ojos la ley de la voluntad pura

そして、革命的なフランス・ブルジョアジーの意志の発声は、彼らの目には純粋な意志の法則を意味していた

significaba la Voluntad tal como estaba destinada a ser; de la verdadera Voluntad humana en general

それは、あるべき意志を意味していた。真の人間の意志一般の

El mundo de los literatos alemanes consistía únicamente en armonizar las nuevas ideas francesas con su antigua conciencia filosófica

ドイツの文学者の世界は、もっぱら新しいフランスの思想を彼らの古代の哲学的良心と調和させることにあった

o mejor dicho, se anexionaron las ideas francesas sin abandonar su propio punto de vista filosófico

というか、彼らは自らの哲学的観点を捨てることなく、フランスの思想を併合した

Esta anexión se llevó a cabo de la misma manera en que se apropia una lengua extranjera, es decir, por traducción

この併合は、外国語が流用されるのと同じ方法、つまり翻訳によって行われました

Es bien sabido cómo los monjes escribieron vidas tontas de santos católicos sobre manuscritos

修道士たちがカトリックの聖人の愚かな人生を写本の上に書いたことはよく知られています

los manuscritos sobre los que se habían escrito las obras clásicas del antiguo paganismo

古代異教徒の古典作品が書かれた写本

Los literatos alemanes invirtieron este proceso con la literatura profana francesa

ドイツの文学者は、この過程を冒涜的なフランス文学で逆転させた

Escribieron sus tonterías filosóficas bajo el original francés

彼らはフランス語の原文の下に哲学的なナンセンスを書いた

Por ejemplo, debajo de la crítica francesa a las funciones económicas del dinero, escribieron "Alienación de la humanidad"

例えば、貨幣の経済的機能に対するフランスの批判の下に、彼らは「人類の疎外」を書いた

debajo de la crítica francesa al Estado burgués escribieron "destronamiento de la categoría de general"

ブルジョアジー国家に対するフランスの批判の下に、彼らは「将軍のカテゴリーの退位」を書いた

La introducción de estas frases filosóficas en el reverso de las críticas históricas francesas las denominó:

これらの哲学的フレーズの導入は、彼らがダビングしたフランスの歴史批評の背後にあります。

"Filosofía de la acción", "Socialismo verdadero", "Ciencia alemana del socialismo", "Fundamentos filosóficos del socialismo", etc

「行動の哲学」「真の社会主義」「ドイツ社会主義の科学」「社会主義の哲学的基礎」など

De este modo, la literatura socialista y comunista francesa quedó completamente castrada

こうして、フランスの社会主義と共産主義の文学は完全に去勢された

en manos de los filósofos alemanes dejó de expresar la lucha de una clase con la otra

ドイツの哲学者の手によって、それはある階級と他の階級との闘争を表現することをやめた

y así los filósofos alemanes se sintieron conscientes de haber superado la "unilateralidad francesa"

こうして、ドイツの哲学者たちは「フランスの一面性」を克服したことを意識したのである

no tenía que representar requisitos verdaderos, sino que representaba requisitos de verdad

それは真の要求を表す必要はなく、むしろ真理の要求を表していたのです

no había interés en el proletariado, más bien, había interés en la Naturaleza Humana

プロレタリアートには関心がなく、むしろ人間性に関心があった

el interés estaba en el Hombre en general, que no pertenece a ninguna clase y no tiene realidad

その関心は、いかなる階級にも属さず、実在性をもたない人間一般に向けられていた

Un hombre que sólo existe en el brumoso reino de la fantasía filosófica

哲学的幻想の霧の領域にしか存在しない男

pero con el tiempo este colegial socialismo alemán también perdió su inocencia pedante

しかし、やがてこの小学生ドイツ社会主義もまた、その衒学的な無邪気さを失った

la burguesía alemana, y especialmente la burguesía prusiana, lucharon contra la aristocracia feudal

ドイツのブルジョアジー、特にプロイセンのブルジョアジーは封建貴族と戦った

la monarquía absoluta de Alemania y Prusia también estaba siendo combatida

ドイツとプロイセンの絶対君主制もまた、

Y a su vez, la literatura del movimiento liberal también se hizo más seria

そして、リベラルな運動の文学もより真剣になっていった

Se le ofreció a Alemania la tan deseada oportunidad del "verdadero" socialismo

ドイツが長い間望んでいた「真の」社会主義の機会がもたらされた

la oportunidad de confrontar al movimiento político con las reivindicaciones socialistas

社会主義の要求と政治運動に立ち向かう機会

la oportunidad de lanzar los anatemas tradicionales contra el liberalismo

リベラリズムに対する伝統的な忌み嫌われる機会

la oportunidad de atacar al gobierno representativo y a la competencia burguesa

代議制政府とブルジョアジーの競争を攻撃する機会

Libertad de prensa burguesa, Legislación burguesa, Libertad e igualdad burguesa

ブルジョアジーの報道の自由、ブルジョアジーの立法、ブルジョアジーの自由と平等

Todo esto ahora podría ser criticado en el mundo real, en lugar de en la fantasía

これらはすべて、ファンタジーではなく、現実の世界で批評できるようになりました

La aristocracia feudal y la monarquía absoluta habían predicado durante mucho tiempo a las masas

封建貴族と絶対君主制は長い間大衆に説教していた

"El obrero no tiene nada que perder y tiene todo que ganar"

「労働者は失うものは何もなく、得るものはすべて持っている」

el movimiento burgués también ofrecía la oportunidad de hacer frente a estos tópicos

ブルジョアジー運動もまた、こうした決まり文句に立ち向かう機会を与えた

la crítica francesa presuponía la existencia de la sociedad burguesa moderna

フランス批判は、近代ブルジョアジー社会の存在を前提としていた

Las condiciones económicas de existencia de la burguesía y la constitución política de la burguesía

ブルジョアジーの存在条件とブルジョアジーの政治体質

las mismas cosas cuya consecución era el objeto de la lucha pendiente en Alemania

その達成がドイツにおける差し迫った闘争の対象であったまさにその事柄

El estúpido eco del socialismo alemán abandonó estos
objetivos justo a tiempo

ドイツの社会主義の愚かな反響は、これらの目標を間一
髪で放棄した

Los gobiernos absolutos tenían sus seguidores de párrocos,
profesores, escuderos y funcionarios

絶対政府には、牧師、教授、田舎の大地主、役人がいま
した

el gobierno de la época se enfrentó a los levantamientos de
la clase obrera alemana con azotes y balas

当時の政府は、ドイツの労働者階級の蜂起に鞭打ちと銃
弾で立ち向かった

para ellos este socialismo servía de espantapájaros contra la
burguesía amenazadora

彼らにとって、この社会主義は、ブルジョアジーの脅威
に対する歓迎すべきかかしとして機能した

y el gobierno alemán pudo ofrecer un postre dulce después
de las píldoras amargas que repartió

そして、ドイツ政府は、苦い薬を配った後、甘いデザー
トを提供することができました

este "verdadero" socialismo servía así a los gobiernos como
arma para combatir a la burguesía alemana

この「真の」社会主義は、こうして、ドイツ・ブルジョ
アジーと戦うための武器として、政府に役立ったのであ
る

y, al mismo tiempo, representaba directamente un interés
reaccionario; la de los filisteos alemanes

そして同時に、それは直接的に反動的な利害を代表して
いた。ドイツ・ペリシテ人のそれ

En Alemania, la pequeña burguesía es la verdadera base
social del actual estado de cosas

ドイツでは、小ブルジョア階級が現存する諸事態の真の
社会的基盤である

Una reliquia del siglo XVI que ha ido surgiendo
constantemente bajo diversas formas

16世紀の遺物は、さまざまな形で絶えず出現しています

Preservar esta clase es preservar el estado de cosas existente en Alemania

この階級を維持することは、ドイツの現状を維持することである

La supremacía industrial y política de la burguesía amenaza a la pequeña burguesía con una destrucción segura

ブルジョアジーの産業的・政治的優越性は、小ブルジョアジーを一定の破壊で脅かす

por un lado, amenaza con destruir a la pequeña burguesía a través de la concentración del capital

一方では、資本の集中によって小ブルジョアジーを破壊する恐れがある

por otra parte, la burguesía amenaza con destruirla mediante el ascenso de un proletariado revolucionario

他方、ブルジョアジーは、革命的プロレタリアートの勃興によって、ブルジョアジーを破壊すると脅す

El "verdadero" socialismo parecía matar estos dos pájaros de un tiro. Se extendió como una epidemia

「真の」社会主義は、この二羽の鳥を一石二鳥に仕留めるように見えた。伝染病のように広がった

El manto de telarañas especulativas, bordado con flores de retórica, empapado en el rocío de un sentimiento enfermizo

レトリックの花が刺繍された思索的な蜘蛛の巣のローブは、病的な感傷の露に染まっていた

esta túnica trascendental en la que los socialistas alemanes envolvían sus tristes "verdades eternas"

ドイツ社会主義者が哀れな「永遠の真理」を包んだこの超越的なローブ

toda la piel y los huesos, sirvieron para aumentar maravillosamente la venta de sus productos entre un público tan

すべての皮と骨は、そのような公衆の間で彼らの商品の売り上げを素晴らしく増やすのに役立ちました

Y por su parte, el socialismo alemán reconocía, cada vez más, su propia vocación

そして、ドイツ社会主義は、自らの使命をますます認識
していった

estaba llamado a ser el grandilocuente representante de la
pequeña burguesía filistea

それは、小ブルジョアジーのペリシテ人の大げさな代表
として召された

Proclamaba que la nación alemana era la nación modelo, y
que el pequeño filisteo alemán era el hombre modelo

それは、ドイツ国民を模範国家とし、ドイツの小ペリシ
テ人を模範とすると宣言した

A cada maldad malvada de este hombre modelo le daba una
interpretación socialista oculta y superior

この模範的な男のあらゆる極悪非道な卑劣さに、それは
隠された、より高い、社会主義的な解釈を与えた

esta interpretación socialista superior era exactamente lo
contrario de su carácter real

このより高尚な社会主義的解釈は、その真の性格とは正
反対であった

Llegó al extremo de oponerse directamente a la tendencia
"brutalmente destructiva" del comunismo

それは、共産主義の「残忍な破壊的」傾向に真っ向から
反対するという極端な長さにまで踏み込んだ

y proclamó su supremo e imparcial desprecio de todas las
luchas de clases

そして、すべての階級闘争に対する最高かつ公平な軽蔑
を宣言した

Con muy pocas excepciones, todas las publicaciones
llamadas socialistas y comunistas que ahora (1847) circulan
en Alemania pertenecen al dominio de esta literatura sucia y
enervante

ごく少数の例外を除いて、現在 (1847年) ドイツで流通し
ているすべてのいわゆる社会主義および共産主義の出版
物は、この汚らわしく活力に満ちた文学の領域に属して
います

2) Socialismo conservador o socialismo burgués
2）保守社会主義、あるいはブルジョアジー社会主義

Una parte de la burguesía está deseosa de reparar los
agravios sociales
ブルジョアジーの一部は、社会的不満を是正することを
望んでいる
con el fin de asegurar la continuidad de la sociedad
burguesa
ブルジョアジー社会の存続を保障するために
A esta sección pertenecen economistas, filántropos,
humanistas
このセクションには、経済学者、慈善家、人道主義者が
属しています
mejoradores de la condición de la clase obrera y
organizadores de la caridad
労働者階級の状態の改善者と慈善活動の組織者
Miembros de las Sociedades para la Prevención de la
Crueldad contra los Animales
動物虐待防止協会会員
fanáticos de la templanza, reformadores de todo tipo
imaginable
禁酒狂信者、ありとあらゆる種類の穴と角の改革者
Esta forma de socialismo, además, ha sido elaborada en
sistemas completos
さらに、この形態の社会主義は、完全なシステムとして
作り上げられた
Podemos citar la "Philosophie de la Misère" de Proudhon
como ejemplo de esta forma
プルードンの「ミゼール哲学」をその例として挙げてみ
ましょう
La burguesía socialista quiere todas las ventajas de las
condiciones sociales modernas
社会主義ブルジョアジーは、近代的社会条件のあらゆる
利点を欲しがっている

pero la burguesía socialista no quiere necesariamente las luchas y los peligros resultantes

しかし、社会主義ブルジョアジーは、必ずしも結果として生じる闘争と危険を望んでいるわけではない

Desean el estado actual de la sociedad, menos sus elementos revolucionarios y desintegradores

彼らは、革命的・崩壊的要素を差し引いた、現存する社会状態を望んでいる

en otras palabras, desean una burguesía sin proletariado

言い換えれば、彼らはプロレタリアートのいないブルジョアジーを望んでいるのである

La burguesía concibe naturalmente el mundo en el que es supremo ser el mejor

ブルジョアジーは、自分が最高である世界を自然に思い描く

y el socialismo burgués desarrolla esta cómoda concepción en varios sistemas más o menos completos

そして、ブルジョアジー社会主義は、この快適な概念を、多かれ少なかれ完全なさまざまな体系に発展させる

les gustaría mucho que el proletariado marchara directamente hacia la Nueva Jerusalén social

かれらは、プロレタリアートが社会的新エルサレムにまっすぐに行進することを強く望んでいる

pero en realidad requiere que el proletariado permanezca dentro de los límites de la sociedad existente

しかし、現実には、プロレタリアートが既存の社会の枠内にとどまることを要求する

piden al proletariado que abandone todas sus ideas odiosas sobre la burguesía

かれらは、プロレタリアートに、ブルジョアジーに関するすべての憎悪に満ちた考えを捨て去るよう求めている

hay una segunda forma más práctica, pero menos sistemática, de este socialismo

この社会主義には、より実際的ではあるが、あまり体系的ではない第二の形態がある

Esta forma de socialismo buscaba despreciar todo
movimiento revolucionario a los ojos de la clase obrera
この形態の社会主義は、労働者階級の目から見て、あら
ゆる革命運動を貶めようとした
Argumentan que ninguna mera reforma política podría ser
ventajosa para ellos
彼らは、単なる政治改革は彼らにとって何の利益にもな
らないと主張する
Sólo un cambio en las condiciones materiales de existencia
en las relaciones económicas es beneficioso
経済関係における物質的存在条件の変化だけが有益であ
る
Al igual que el comunismo, esta forma de socialismo aboga
por un cambio en las condiciones materiales de existencia
共産主義のように、この形態の社会主義は、存在の物質
的条件の変化を提唱しています
sin embargo, esta forma de socialismo no sugiere en modo
alguno la abolición de las relaciones de producción
burguesas
しかし、この社会主義の形態は、決してブルジョアジー
的生産関係の廃止を示唆するものではない
la abolición de las relaciones de producción burguesas sólo
puede lograrse mediante una revolución
ブルジョアジー的生産関係の廃止は、革命によってのみ
達成されうる
Pero en lugar de una revolución, esta forma de socialismo
sugiere reformas administrativas
しかし、この形態の社会主義は、革命ではなく、行政改
革を示唆している
y estas reformas administrativas se basarían en la
continuidad de estas relaciones
そして、これらの行政改革は、これらの関係の存続を基
礎としている
reformas, por lo tanto, que no afectan en ningún aspecto a
las relaciones entre el capital y el trabajo

したがって、資本と労働の関係にいかなる点においても影響を与えない改革

en el mejor de los casos, tales reformas disminuyen el costo y simplifican el trabajo administrativo del gobierno burgués

せいぜい、そのような改革は、ブルジョアジー政府の費用を軽減し、行政業務を単純化するにすぎない

El socialismo burgués alcanza una expresión adecuada cuando, y sólo cuando, se convierte en una mera figura retórica

ブルジョア社会主義は、それが単なる言論の形象になったときにのみ、適切な表現を獲得する

Libre comercio: en beneficio de la clase obrera

自由貿易：労働者階級の利益のために

Deberes protectores: en beneficio de la clase obrera

保護義務：労働者階級の利益のために

Reforma Penitenciaria: en beneficio de la clase trabajadora

刑務所改革：労働者階級の利益のために

Esta es la última palabra y la única palabra seria del socialismo burgués

これはブルジョアジー社会主義の最後の言葉であり、唯一の真剣に意味された言葉である

Se resume en la frase: la burguesía es una burguesía en beneficio de la clase obrera

それは、「ブルジョアジーは労働者階級の利益のためのブルジョアジーである」という言葉に要約されている

3) Socialismo crítico-utópico y comunismo
3) 批判的ユートピア社会主義と共産主義

No nos referimos aquí a esa literatura que siempre ha dado voz a las reivindicaciones del proletariado
われわれはここで、つねにプロレタリアートの要求に声をあげてきた文学に言及しているのではない
esto ha estado presente en todas las grandes revoluciones modernas, como los escritos de Babeuf y otros
これは、バブーフや他の人々の著作など、すべての偉大な近代革命に存在してきました
Las primeras tentativas directas del proletariado para alcanzar sus propios fines fracasaron necesariamente
プロレタリアートが自らの目的を達成しようとする最初の直接の試みは、必然的に失敗した
Estos intentos se hicieron en tiempos de excitación universal, cuando la sociedad feudal estaba siendo derrocada
これらの試みは、封建社会が打倒されつつあった普遍的な興奮の時代に行われました
El entonces subdesarrollado del proletariado llevó a que fracasaran esos intentos
当時のプロレタリアートの未発達な状態は、これらの試みの失敗につながった
y fracasaron por la ausencia de las condiciones económicas para su emancipación
そして、彼らは、その解放のための経済的条件がなかったため、失敗した
condiciones que aún no se habían producido, y que sólo podían ser producidas por la inminente época de la burguesía
まだ生み出されていなかった諸条件、そして差し迫ったブルジョアジー時代によってのみ生み出されうる諸条件
La literatura revolucionaria que acompañó a estos primeros movimientos del proletariado tuvo necesariamente un carácter reaccionario

プロレタリアートのこれらの最初の運動に付随した革命的文学は、必然的に反動的な性格を持っていた

Esta literatura inculcó el ascetismo universal y la nivelación social en su forma más cruda

この文学は、普遍的な禁欲主義と社会的平準化を最も粗雑な形で教え込んだ

Los sistemas socialista y comunista, propiamente dichos, surgen en el período temprano no desarrollado

社会主義と共産主義の制度は、正しくはそう呼ばれているが、未発達の初期に出現した

Saint-Simon, Fourier, Owen y otros, describieron la lucha entre el proletariado y la burguesía (ver sección 1)

サン・シモン、フーリエ、オーウェンらは、プロレタリアートとブルジョアジーの闘争を描いた（第1節参照）

Los fundadores de estos sistemas ven, en efecto, los antagonismos de clase

これらの制度の創始者たちは、実に階級対立を見ている

también ven la acción de los elementos en descomposición, en la forma predominante de la sociedad

彼らはまた、社会の支配的な形態において、分解する要素の作用を見ます

Pero el proletariado, todavía en su infancia, les ofrece el espectáculo de una clase sin ninguna iniciativa histórica

しかし、プロレタリアートは、まだその初期段階にあり、彼らに、いかなる歴史的主導権も持たない階級の見世物を提供している

Ven el espectáculo de una clase social sin ningún movimiento político independiente

彼らは、独立した政治運動のない社会階級の光景を見ている

El desarrollo del antagonismo de clase sigue el mismo ritmo que el desarrollo de la industria

階級対立の発展は、産業の発展と歩調を合わせている

De modo que la situación económica no les ofrece todavía las condiciones materiales para la emancipación del proletariado

したがって、経済状況は、プロレタリアートの解放のための物質的条件をまだ彼らに提供していない

Por lo tanto, buscan una nueva ciencia social, nuevas leyes sociales, que creen estas condiciones

それゆえ、彼らは、これらの条件をつくりだす新しい社会科学、新しい社会法則を追い求める

acción histórica es ceder a su acción inventiva personal

歴史的行為は、彼らの個人的な創意工夫の行動に屈服することである

Las condiciones de emancipación creadas históricamente han de ceder ante condiciones fantásticas

歴史的に作り出された解放の条件は、幻想的な条件に屈服することである

y la organización gradual y espontánea de clase del proletariado debe ceder ante la organización de la sociedad

そして、プロレタリアートの漸進的で自発的な階級組織は、社会の組織に屈服することである

la organización de la sociedad especialmente ideada por estos inventores

これらの発明者によって特別に考案された社会の組織

La historia futura se resuelve, a sus ojos, en la propaganda y en la realización práctica de sus planes sociales

未来の歴史は、彼らの目には、プロパガンダと彼らの社会計画の実際的な実行に解決される

En la formación de sus planes son conscientes de preocuparse principalmente por los intereses de la clase obrera

かれらは、かれらの計画の形成において、主として労働者階級の利益を気遣うことを意識している

Sólo desde el punto de vista de ser la clase más sufriente existe el proletariado para ellos

プロレタリアートは、最も苦しむ階級であるという観点からのみ、彼らのために存在するのである

El estado subdesarrollado de la lucha de clases y su propio entorno informan sus opiniones

階級闘争の未発達な状態と彼ら自身の環境は、彼らの意見を知らせます

Los socialistas de este tipo se consideran muy superiores a todos los antagonismos de clase

この種の社会主義者は、自分たちがあらゆる階級対立よりはるかに優れていると考えている

Quieren mejorar la condición de todos los miembros de la sociedad, incluso la de los más favorecidos

彼らは、社会のあらゆる構成員の状態を改善したいと願っています

De ahí que habitualmente atraigan a la sociedad en general, sin distinción de clase

それゆえ、彼らは階級の区別なく、社会全体にアピールする習慣があるのです

Es más, apelan a la sociedad en general con preferencia a la clase dominante

いや、彼らは支配階級を優先することで、社会全体にアピールしている

Para ellos, todo lo que se requiere es que los demás entiendan su sistema

彼らにとって必要なのは、他の人が彼らのシステムを理解することだけです

Porque, ¿cómo puede la gente no ver que el mejor plan posible es para el mejor estado posible de la sociedad?

なぜなら、可能な限り最善の計画が、社会の可能な限り最良の状態のためのものであることを、どうして人々が見落とすことができるのでしょうか?

Por lo tanto, rechazan toda acción política, y especialmente toda acción revolucionaria

それゆえ、彼らはすべての政治的行動、特にすべての革命的行動を拒絶する

desean alcanzar sus fines por medios pacíficos

彼らは平和的な手段によって目的を達成することを望んでいます

se esfuerzan, mediante pequeños experimentos, que están
necesariamente condenados al fracaso

彼らは、必然的に失敗する運命にある小さな実験によっ
て努力します

y con la fuerza del ejemplo tratan de abrir el camino al
nuevo Evangelio social

そして、模範の力によって、新しい社会的な福音への道
を開こうとします

Cuadros tan fantásticos de la sociedad futura, pintados en un
momento en que el proletariado se encuentra todavía en un
estado muy subdesarrollado

プロレタリアートがまだ非常に未発達な状態にある時代
に描かれた、未来社会の幻想的な絵

y todavía no tiene más que una concepción fantástica de su
propia posición

そして、それはまだ、それ自身の立場についての空想的
な概念しか持っていません

pero sus primeros anhelos instintivos corresponden a los
anhelos del proletariado

しかし、彼らの最初の本能的な憧れは、プロレタリアー
トの憧れと一致している

Ambos anhelan una reconstrucción general de la sociedad

両者とも社会の全般的な再建を切望している

Pero estas publicaciones socialistas y comunistas también
contienen un elemento crítico

しかし、これらの社会主義と共産主義の出版物には、重
要な要素も含まれています

Atacan todos los principios de la sociedad existente

彼らは既存の社会のあらゆる原則を攻撃します

De ahí que estén llenos de los materiales más valiosos para
la ilustración de la clase obrera

それゆえ、それらは労働者階級の啓蒙のための最も貴重
な資料に満ちている

Proponen la abolición de la distinción entre la ciudad y el
campo, y la familia

彼らは、町と田舎、家族の区別の廃止を提案しています

la supresión de la explotación de industrias por cuenta de los particulares

私人による産業の営養の廃止

y la abolición del sistema salarial y la proclamación de la armonía social

賃金制度の廃止と社会的調和の宣言

la conversión de las funciones del Estado en una mera superintendencia de la producción

国家の機能を単なる生産監督者に転用すること

Todas estas propuestas, apuntan únicamente a la desaparición de los antagonismos de clase

これらすべての提案は、階級対立の消滅のみを指し示している

Los antagonismos de clase estaban, en ese momento, apenas surgiendo

当時、階級対立は始まったばかりでした

En estas publicaciones estos antagonismos de clase se reconocen sólo en sus formas más tempranas, indistintas e indefinidas

これらの出版物では、これらの階級対立は、最も初期の、不明瞭で、未定義の形でのみ認識されている

Estas propuestas, por lo tanto, son de carácter puramente utópico

したがって、これらの提案は純粋にユートピア的な性格のものです

La importancia del socialismo crítico-utópico y del comunismo guarda una relación inversa con el desarrollo histórico

批判的ユートピア的社会主義と共産主義の意義は、歴史的発展と反比例する

La lucha de clases moderna se desarrollará y continuará tomando forma definitiva

現代の階級闘争は発展し、一定の形をとり続けるであろう

Esta fantástica posición del concurso perderá todo valor práctico

コンテストでのこの素晴らしい地位は、すべての実用的な価値を失います

Estos fantásticos ataques a los antagonismos de clase perderán toda justificación teórica

階級対立に対するこれらの幻想的な攻撃は、あらゆる理論的正当性を失うだろう

Los creadores de estos sistemas fueron, en muchos aspectos, revolucionarios

これらのシステムの創始者は、多くの点で革命的でした

pero sus discípulos han formado, en todos los casos, meras sectas reaccionarias

しかし、彼らの弟子たちは、いずれの場合も、単なる反動的な宗派を形成してきた

Se aferran firmemente a los puntos de vista originales de sus amos

彼らは主人の元の見解をしっかりと保持しています

Pero estos puntos de vista se oponen al desarrollo histórico progresivo del proletariado

しかし、これらの見解は、プロレタリアートの進歩的な歴史的発展に反対するものである

Por lo tanto, se esfuerzan, y eso de manera consecuente, por amortiguar la lucha de clases

それゆえ、彼らは階級闘争を鎮めようと努力し、それを一貫して行っている

y se esfuerzan constantemente por reconciliar los antagonismos de clase

そして、かれらは、一貫して階級対立を和解させようと努力する

Todavía sueñan con la realización experimental de sus utopías sociales

彼らはいまだに、自分たちの社会的なユートピアの実験的な実現を夢見ている

todavía sueñan con fundar "falansterios" aislados y establecer "colonias domésticas"

彼らはいまだに孤立した「ファランステル」を創設し、「ホームコロニー」を設立することを夢見ている

sueñan con establecer una "Pequeña Icaria": ediciones duodécimas de la Nueva Jerusalén

彼らは「リトル・イカリア」、つまり新しいエルサレムの十二階版を建てることを夢見ています

y sueñan con realizar todos estos castillos en el aire

そして、彼らは空中にあるこれらすべての城を実現することを夢見ています

se ven obligados a apelar a los sentimientos y a las carteras de los burgueses

彼らはブルジョアジーの感情と財布に訴えることを余儀なくされている

Poco a poco se hunden en la categoría de los socialistas conservadores reaccionarios descritos anteriormente

程度によって、彼らは上に描かれた反動的な保守社会主義者の範疇に沈む

sólo se diferencian de ellos por una pedantería más sistemática

それらは、より体系的な衒学によってのみこれらと異なります

y se diferencian por su creencia fanática y supersticiosa en los efectos milagrosos de su ciencia social

そして、彼らは、社会科学の奇跡的な効果に対する狂信的で迷信的な信念によって異なる

Por lo tanto, se oponen violentamente a toda acción política por parte de la clase obrera

それゆえ、彼らは労働者階級の側のあらゆる政治的行動に激しく反対する

tal acción, según ellos, sólo puede ser el resultado de una ciega incredulidad en el nuevo Evangelio

彼らによれば、そのような行動は、新しい福音に対する盲目的な不信仰からしか生じ得ません

Los owenistas en Inglaterra y los fourieristas en Francia, respectivamente, se oponen a los cartistas y a los reformistas

イギリスのオーウェン派とフランスのフーリエ主義者は
、それぞれチャーティストと「レフォルミスト」に反対
している

Posición de los comunistas en relación con los diversos partidos de oposición existentes
既存の様々な反対政党に対する共産主義者の立場

La sección II ha dejado claras las relaciones de los
comunistas con los partidos obreros existentes
第2節は、共産主義者と既存の労働者階級の諸政党との
関係を明らかにした
como los cartistas en Inglaterra y los reformadores agrarios
en América
イギリスのチャーティストやアメリカの農地改革者など
Los comunistas luchan por el logro de los objetivos
inmediatos
共産党員は当面の目標達成のために闘う
Luchan por la imposición de los intereses momentáneos de
la clase obrera
彼らは労働者階級の一時的な利益の執行のために闘う
Pero en el movimiento político del presente, también
representan y cuidan el futuro de ese movimiento
しかし、現在の政治運動において、彼らはまた、その運
動の将来を代表し、世話をします
En Francia, los comunistas se alían con los socialdemócratas
フランスでは、共産主義者は社会民主党と同盟を結んで
いる
y se posicionan contra la burguesía conservadora y radical
そして、彼らは保守的で急進的なブルジョアジーに対抗
する立場をとっています
sin embargo, se reservan el derecho de tomar una posición
crítica respecto de las frases e ilusiones tradicionalmente
transmitidas desde la gran Revolución

しかし、彼らは、大革命から伝統的に受け継がれてきた言葉や幻想に関して、批判的な立場をとる権利を留保する

En Suiza apoyan a los radicales, sin perder de vista que este partido está formado por elementos antagónicos

スイスでは、彼らは急進派を支持しているが、この党が敵対的な要素で構成されているという事実を見失うことはない

en parte de los socialistas democráticos, en el sentido francés, en parte de la burguesía radical

一部は民主社会主義者、フランス的な意味では、一部は急進的ブルジョアジー

En Polonia apoyan al partido que insiste en la revolución agraria como condición primordial para la emancipación nacional

ポーランドでは、民族解放の第一条件として農業革命を主張する政党を支持している

el partido que fomentó la insurrección de Cracovia en 1846

1846年にクラクフの反乱を扇動した党

En Alemania luchan con la burguesía cada vez que ésta actúa de manera revolucionaria

ドイツでは、ブルジョアジーが革命的なやり方で行動するたびに、ブルジョアジーと闘う

contra la monarquía absoluta, la nobleza feudal y la pequeña burguesía

絶対君主制、封建的従者制、小ブルジョアジーに対して

Pero no cesan, ni por un solo instante, de inculcar en la clase obrera una idea particular

しかし、彼らは一瞬たりとも、労働者階級に特定の考えを植え付けることをやめない

el reconocimiento más claro posible del antagonismo hostil entre la burguesía y el proletariado

ブルジョアジーとプロレタリアートの敵対関係を可能な限り明確に認識すること

para que los obreros alemanes puedan utilizar
inmediatamente las armas de que disponen
そうすれば、ドイツ人労働者は、すぐに武器を使えるよ
うになる
las condiciones sociales y políticas que la burguesía debe
introducir necesariamente junto con su supremacía
ブルジョアジーがその優越性とともに必然的に導入しな
ければならない社会的および政治的条件
la caída de las clases reaccionarias en Alemania es inevitable
ドイツにおける反動階級の没落は不可避である
y entonces la lucha contra la burguesía misma puede
comenzar inmediatamente
そうすれば、ブルジョアジーそのものに対する闘いが直
ちに始まるかもしれない
Los comunistas dirigen su atención principalmente a
Alemania, porque este país está en vísperas de una
revolución burguesa
共産主義者が主としてドイツに注意を向けるのは、ドイ
ツがブルジョアジー革命の前夜にあるからである
una revolución que está destinada a llevarse a cabo en las
condiciones más avanzadas de la civilización europea
ヨーロッパ文明のより進んだ条件の下で遂行されるに違
いない革命
y está destinado a llevarse a cabo con un proletariado mucho
más desarrollado
そして、それははるかに発達したプロレタリアートによ
って遂行されるに違いない
un proletariado más avanzado que el de Inglaterra en el
XVII y el de Francia en el siglo XVIII
17世紀にはイギリス、18世紀にはフランスよりも進んだ
プロレタリアートがいた
y porque la revolución burguesa en Alemania no será más
que el preludio de una revolución proletaria
inmediatamente posterior
なぜなら、ドイツにおけるブルジョアジー革命は、その
直後のプロレタリア革命の序曲にすぎないからである

En resumen, los comunistas apoyan en todas partes todo movimiento revolucionario contra el orden social y político existente

要するに、共産主義者は、あらゆる場所で、既存の社会的、政治的秩序に反対するあらゆる革命運動を支持しているのである

En todos estos movimientos ponen en primer plano, como cuestión principal en cada uno de ellos, la cuestión de la propiedad

これらすべての動きにおいて、彼らは、それぞれの主要な問題として、財産の問題を前面に押し出します

no importa cuál sea su grado de desarrollo en ese país en ese momento

当時のその国の発展の度合いがどうであれ

Finalmente, trabajan en todas partes por la unión y el acuerdo de los partidos democráticos de todos los países

最後に、彼らはすべての国の民主政党の団結と合意のためにあらゆる場所で働いています

Los comunistas desdeñan ocultar sus puntos de vista y sus objetivos

共産主義者は、自分たちの見解や目的を隠すことを軽蔑する

Declaran abiertamente que sus fines sólo pueden alcanzarse mediante el derrocamiento por la fuerza de todas las condiciones sociales existentes

彼らは、現存するすべての社会状況を強制的に打倒することによってのみ、その目的を達成できると公然と宣言している

Que las clases dominantes tiemblen ante una revolución comunista

支配階級を共産主義革命に震え上がらせよう

Los proletarios no tienen nada que perder más que sus cadenas

プロレタリア階級は、その鎖以外に失うものは何もない

Tienen un mundo que ganar

彼らには勝つべき世界がある

¡TRABAJADORES DE TODOS LOS PAÍSES, UNÍOS!
すべての国の働く男性、団結せよ！